마음을 얻어야
세상을 얻는다

마음을 얻어야
세상을 얻는다

펴낸날	초판 1쇄 2011년 10월 1일
	초판 3쇄 2015년 1월 15일

지은이	허태학
펴낸이	서용순
펴낸곳	이지출판

출판등록	1997년 9월 10일 제300-2005-156호
주 소	110-350 서울시 종로구 율곡로6길 36 월드오피스텔 903호
대표전화	02-743-7661 팩스 02-743-7621
이메일	easy7661@naver.com
디자인	박현실, 박성현
마케팅	서정순
인 쇄	(주)꽃피는청춘

ⓒ 2011 허태학

값 14,500원

ISBN 978-89-92822-77-0   03320

※ 잘못 만들어진 책은 바꿔 드립니다.

이 도서의 국립중앙도서관 출판시도서목록(CIP)은 e-CIP 홈페이지(http://www.nl.go.kr/cip.php)에서
이용하실 수 있습니다. (CIP 제어번호 : 2011003884)

삼성맨 42년, 변화와 혁신의 CEO 허태학의 오감경영

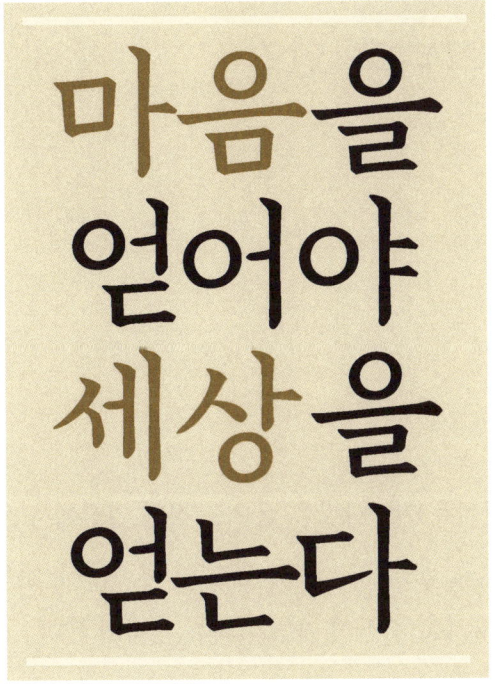

마음을
얻어야
세상을
얻는다

이지출판

시간
공간
그리고 인간

2년 전 삼성석유화학 사장을 끝으로 경영 일선에서 물러나 현재 이 회사 상담역으로 활동하고 있다. 쉼 없이 달려온 내 인생에서 아마 지금이 가장 여유로운 시간이 아닌가 하는 생각이 든다.

그렇다고 마냥 여유롭고 한가한 것만은 아니다. 여러 기업과 기관, 단체들에서 리더십이나 경영철학에 관한 강연 요청이 이어지고 있어 대외적인 활동 면에서는 오히려 '현역' 시절보다 더 바쁜 일과를 보내고 있다.

기업을 경영하는 데 있어 특별한 비결이나 요령이 있을 리 없다. 그런데 돌이켜보니 오랫동안 기업을 경영해 온 경험에서 얻은 작은 지혜와 교훈은 좀 있지 않을까 하는 생각이 들기도 한다.

책을 쓰는 일을 통해 그동안 내가 추진해 온 경영의 성과들을 미화하거나 자랑하고 싶은 생각은 추호도 없다. CEO의 자리에 있을 때는 물론 퇴임 이후에도 여러 경로를 통해서 많은 집필 요청이 있었지만 한사코 거절해 온 이유도 바로 그런 것이다.

하지만 그 요청들을 언제까지나 거절하기는 힘들었다. 내가 기업 경영을 통해서 얻은 지혜와 교훈들은 나만의 자산이 아니라 우리가 함께 공유해야 할 사회적 자산이기도 하다는 생각 때문이다.

앞으로 기업의 CEO가 되거나 우리 사회의 다양한 분야에서 리더가 될 많은 젊은이들에게 조금이라도 도움이 된다면, 그동안 기업 경영을 통해 얻은 경험들을 전해 주는 것이 옳지 않을까 하는 생각으로 이렇게 펜을 들게 되었다.

중앙개발과 호텔신라, 삼성에버랜드, 삼성석유화학 등의 회사를 거치면서 고객만족경영, 6시그마, 지식경영 등 다양한 혁신 방법론들을 누구보다 앞서서 도입했고 또 그러한 노력을 통해서 큰 성과를 거두기도 했다.

곰곰이 생각해 보면 수많은 혁신 방법론의 밑바탕에 하나로 관통하는 근본적인 생각이 있었던 것 같다. 시간時間과 공간空間 그리고 인간人間을 모든 경영의 중심으로 하는 '삼간정신三間精神'이 바로 그것이다.

훌륭한 와인이 탄생하기 위해서는 숙성의 시간이 필요하다. 사람이나 기업도 마찬가지다. 잠시 뛰어난 실적을 거둔 경영자나 기업은 수없이 많지만 오랫동안 꾸준하게 성과를 내는 기업이나 사람은 많지 않다.

한 경영 컨설팅 회사의 연구에 따르면 1935년에 기업의 평균수명이

약 90년이었던 것이 1955년에는 45년, 1975년에는 30년, 1995년에는 22년으로 줄어들었고 2005년에는 15년에 불과한 것으로 나타났다. 그 부침의 속도는 점점 더 빨라질 것임에 틀림없다.

사람이나 기업이 시간의 힘을 뛰어넘어 존속하기 위해서는 환희의 순간에 도취되지 않고 무無에서 다시 시작하듯 지속적인 노력을 기울여야 한다. 그러기 위해서는 자신의 살가죽을 벗겨내는 것과 같은 고통의 과정이 필요하다. '혁신革新'이라는 단어의 의미가 "가죽을 벗겨내 새롭게 한다"는 것이 결코 우연이 아니다. 내가 끊임없이 혁신에 매달렸던 이유도 바로 이러한 시간의 힘을 거슬러 올라가기 위한 노력이었다고 할 수 있다.

사람들은 먼 곳에서 혁신을 찾으려고 한다. 하지만 혁신이란 많은 사람들이 생각하는 것처럼 결코 멀리 있지 않다. 아주 가까운 곳에 있다. 우리가 일하고 생각하는 그 공간, 바로 손을 뻗으면 닿을 수 있는 공간에 조심스럽게 놓여 있다.

나는 현장에서 만나는 직원들에게 '선면각곡간색線面角曲間色'이라는 여섯 글자를 늘 강조해 왔다. 인간을 둘러싸고 있는 환경 속에 존재하는 선과 면, 그리고 각과 곡선, 간격과 색깔 속에서 새로운 가치를 창출해 낼 수 있는 힘이 있다는 것을 믿고 있다. 흐트러짐이 있는 곳에서 결코 사람들을 만족시킬 수 있는 가치가 창조되지 않는다고 생각한다.

시간과 공간에서 창조된 가치는 궁극적으로 '인간'으로 귀결된다.

시각과 촉각, 후각과 미각, 청각을 총동원한 오감경영五感經營, 물건을 구매하는 소비자뿐만 아니라 직원, 거래처 모두를 고객으로 생각하는 고객만족경영 등도 바로 '인간경영'의 또 다른 모습들이다.

오랫동안 CEO로 일하면서 수많은 결정을 내린 배경에는 바로 이 '삼간정신'이 자리 잡고 있었음을 새삼 깨닫고 있다.

혁신의 목표는 결코 인력을 축소하거나 기업의 경영 효율성을 높이는 데 초점이 맞추어져서는 안 된다. 혁신의 궁극적인 목적은 고객가치 창출이다. 그런 면에서 혁신의 성과는 기업이 아닌 고객에게 돌아가야 한다.

피터 드러커 박사는 "기업의 존재 목적은 고객을 창출하는 것"이라며 "고객 없이는 사업도 없다"고 말한 바 있다. 가끔 고객은 안중에 두지 않고 오로지 효율성만을 중시하는 혁신의 현장을 볼 때면 안타까운 마음이 들기도 한다.

혁신과 고객만족경영은 별개가 아니라 하나다. 혁신의 중심에 고객이 있어야 하고 성공적인 혁신의 최대 수혜자는 고객이 되어야 함은 아무리 강조해도 지나치지 않을 것이다.

그럼 지금부터 나의 경영 이야기를 풀어나갈까 한다. 독자 여러분도 나와 함께 하는 이 여정을 통해서 스스로를 위한 경영의 지혜를 발견했으면 하는 바람이다. 여러분의 앞길에 행운을 빈다.

2011년 9월
서소문에서 허태학

CONTENTS

02 CHAPTER 이노베이션 컨버전스, 혁신을 융복합하라

마음의 눈으로 본다, 오감경영

04 CHAPTER　고객만족을 넘어 고객가치경영까지

풀숲 우거진 길을
뚜벅뚜벅 걷다

지금 이 순간에 집중하라.
지금 현재 진행하고 있는 일을 생각하라
집중력을 잃거나 정신이 흐트러지면
반드시 실수를 범하게 된다.
ㅡ배리 파버

삼성그룹
최장수 CEO의
비결

직장생활 42년, CEO 16년

내가 처음 CEO가 된 것은 1993년 삼성에버랜드의 전신인 중앙개발 대표이사를 맡으면서부터다. 이후 호텔신라를 거쳐 삼성석유화학에 이르기까지 대표이사 직함을 가지고 일한 시간만도 16년에 달한다. 42년에 이르는 직장생활 가운데 절반 가까운 시간을 CEO로 살아온 셈이다.

그러다 보니 자연스럽게 삼성의 최장수 CEO라는 타이틀을 얻게 되었다. CEO의 자리에 오르는 것도 어렵지만 그 자리를 유지하는 것은 더더욱 어렵다.

"그렇게 오랫동안 CEO 자리에 있을 수 있었던 특별한 비결이 있습니까?"

주변 사람들로부터 자주 이런 질문을 받곤 했다. 그리고 가끔 스스로에게도 이런 질문을 던져 보기도 했다. 물론 특별한 비결 같은 것이 있을 리 없다. 있다고 해도 한 마디로 잘라서 말하긴 어려울 것이다.

그래도 문득 떠오르는 단어가 있다. '선공후사先公後私'라는 말이다.

'선공후사'의 정신

선공후사란 원나라 증선지曾先之가 편찬한 중국 고대 역사서 〈십팔사략十八史略〉에 등장하는 이야기다.

조趙나라에 염파廉頗라는 장군과 인상여藺相如라는 관리가 있었다. 염파는 용맹이 뛰어났고 인상여는 외교술에 능했다. 두 사람은 조나라의 두 기둥이었다. 하지만 염파는 인상여에 대해 불만이 많았다.

"난 항상 들에 나가서 싸우느라 이 고생인데, 인상여는 말 몇 마디로 공을 세우고도 나보다 높은 지위에 있다니. 다음에 인상여를 보면 꼭 욕을 보이고 말겠노라."

그 말을 전해 들은 인상여는 항상 염파를 피해 다녔다. 그러자 하인들이 물었다.

"지위도 높은데 무엇이 두려워 비겁하게 피해 다니십니까?"

인상여가 대답했다.

"내가 어찌 염파를 무서워하겠느냐. 우리나라가 강대국 사이에서 버틸 수 있는 힘은 나의 외교술과 염파의 용맹, 두 가지뿐이 아닌가. 그 가운데 하나가 없어진다면 이 나라가 어찌 되겠느냐. 내가 싸움을 피하는 것은 내 개인의 사사로운 감정보다 국가의 위급함을 우선하기 때문이다."

그 후 염파는 스스로 뉘우치고 인상여에게 깊이 사과했다.

감사팀을 철수시킨 선대회장의 한 마디

'선공후사'란 개인보다 조직을 우선하는 마음이다. 조직에 몸을 담고 있는 사람들이라면 잊어서는 안 되는 중요한 덕목이기도 하다. 조직생활을 하는 사람들 중에서도 개인의 영예를 위해 조직을 이용하거나 회사의 이름으로 사사로운 욕심을 챙기는 모습을 종종 볼 수 있다.

아무리 능력이 출중하고 일을 잘하는 사람이라고 해도 투명하고 공명정대하지 못하면 결코 오래 갈 수 없다. 그것은 어떤 분야라도 마찬가지일 것이다. 나는 다양한 업종의 여러 조직을 옮겨 다니면서도 이 정신을 한 번도 잊은 적이 없다.

공교롭게도 나는 삼성에 입사한 이후 줄곧 신규 프로젝트를 담당해 왔다. 장충동에 호텔신라를 짓는 일에서부터 태평로 삼성 본관 건설, 호텔신라 면세점 오픈, 제주신라호텔 오픈, 자연농원의 에버랜드 전환, 가평베네스트, 안성베네스트, 글렌로스 골프장 건설, 안성베네스트 리뉴얼 등이 대표적이다. 하나의 프로젝트를 완성시키고 나면 또다시 다른 프로젝트로 옮겨 가는 일의 반복이었다.

신규 프로젝트라고 하면 막대한 비용이 투입되기 마련이다. 그리고 매끄럽게 일을 처리하지 못하면 그 과정에서 여러 가지 부정이나 잡음이 발생할 가능성이 매우 높다.

나는 그런 과정에서 사사로운 개인의 욕심을 앞세우기보다 항상 회사를 우선하는 마음으로 임했다. 그러지 않았다면 아마 그 많은 신규 프로젝트를 수행할 기회도 주어지지 않았을 것이다.

선공후사에 대한 이야기를 하다 보니 직장 초년생 시절 이병철 선대회장을 가까이서 접했던 기억이 떠오른다.

삼성 입사 후 처음 몸담았던 중앙개발 시절의 일이다. 당시 장충동 호텔신라 건설을 담당하고 있었는데, 70년대 중반 갑자기 닥쳐온 오일쇼크로 인해 외자 도입이 중단되면서 공사가 몇 년간 지연된 적이 있었다. 그때 호텔 건설팀이 그대로 태평로 삼성 본관 건설공사에 투입되어 작업을 했다.

공사를 무사히 마치고 나자 바로 본사 감사팀에서 공사 전반에 걸친 감사를 하기 시작했다. 대규모 공사가 있으면 공사 비용이 제대로 집행되었는지 파악하기 위해 감사를 실시하는 것이 일반적이었다. 나는 조달을 담당하고 있었기 때문에 내 입장에서도 감사는 무척 중요한 사안이었다.

하지만 감사팀이 내려온 지 이틀 만에 모든 감사가 중단되었다.

이병철 선대회장께서 감사팀에 철수 지시를 내리신 것이었다.

"감사를 뭐 하러 하노. 건물을 싸게 잘 지었는데 표창을 줘야제."

리더들은 보지 않고 말하지 않아도 일이 돌아가는 상황을 누구보다 잘 알고 있다. 선대회장께서도 특별히 말씀은 하지 않으셨지만 공사가 어떻게 진행되고 있는지 꿰뚫어 보고 계셨던 것이다. 그리고 우리 팀에서 공사를 정확하게 했다는 것도 이미 파악하고 계셨다.

물론 그때 나는 프로젝트를 책임지는 위치에 있지는 않았지만, 큰일을 할 때는 아무리 작은 일이라도 걸고 사소하게 생각하지 말아야 하며 언제나 공명정대해야 한다는 것을 다시 한 번 느끼고 배울 수 있는 좋은 기회였다.

공公을 앞세우면 개인적인 이익들은 나중에 언제라도 돌아오게 되어 있다. 나 혼자 빨리 잘 되어야겠다는 조급함이나 눈앞의 작은 이익을 탐하는 마음을 버리면 그에 대한 보답이 천천히 오랫동안 되돌아온다.

개인보다는 늘 조직을 먼저 생각했던 정신이 오랫동안 CEO로서 경영 일선에 머무를 수 있었던 요인이 아니었을까 하는 생각이 든다.

프로페셔널은
성과로
말한다

아무도 가지 않은 길

로버트 프로스트는 '가지 않은 길The Road not Taken' 이 라는 시를 통해 새로운 길에 대한 낯설음을 잘 표현해 냈다. '풀이 더 우거져 있고 사람의 발자취가 적은' 그런 길에 대해서.

신규 프로젝트란 아무도 가지 않은 풀이 무성하고 사람의 발길이 전혀 없는 길을 가는 것과 같다. 앞서 나간 사람들로부터 도움을 받을 길도 없고 앞날을 예측하기도 힘든 불확실성의 연속이기 때문이다.

비록 그러한 일들이 스스로 선택한 길은 아니었지만 나의 조직생활 40여 년은 줄곧 아무도 가지 않은 길을 걸어가야 했던 그런 나날의 연속이었다.

내가 지속적으로 신규 프로젝트를 맡을 수 있었던 이유는, 책임을

지고 추진한 신규 프로젝트마다 빠른 시간에 조기 안정화를 이루었고 성과 창출이라는 확실한 결과물을 보여 주었기 때문이다.

1993년 8월쯤으로 기억하고 있다. 호텔신라 전무로 눈코 뜰 새 없이 바쁘게 보내고 있는데 그룹에서 갑작스럽게 일본 출장을 다녀오라는 명령이 떨어졌다.

"일본 출장을 좀 다녀와야겠습니다. 고베에 머물고 계시는 이건희 회장님께서 허 전무를 찾으십니다."

이건희 회장님의 도쿄 호출

나는 출장에 대한 정확한 목적이나 이유도 알지 못한 채 일단 일본 고베로 떠났다. 그곳에 도착해서 며칠 동안 이건희 회장님을 모시고 몇몇 프로젝트에 대한 견학을 한 후 도쿄로 갔는데, 다시 디즈니랜드를 둘러보고 오라는 지시가 내려졌다.

지금도 그렇지만 호텔이라는 업종은 서비스 면에서 다른 업종에 비해 상당히 앞서 있다. 서비스 개선을 위해 호텔식 서비스를 배우는 경우는 있어도 호텔에서 다른 업종의 서비스를 배우는 경우는 흔치 않다. 그래서 호텔 업무를 담당하고 있던 내게 디즈니랜드를 견학하고 오라는 지시는 다소 외외라는 생각이 들었다.

어쨌든 도쿄 디즈니랜드를 포함해서 시내 몇 곳을 둘러보고 출장 일정을 모두 마쳤다. 그리고 서울로 돌아가기 전에 그동안 둘러본 내용에 대한 보고와 함께 인사를 드리기 위해 이건희 회장님을 찾아갔다.

조용히 내 이야기를 듣고 계시던 이 회장님은 나를 물끄러미 쳐다보더니 대뜸 질문을 하나 던지셨다.

"허 전무, 호텔신라 면세점하고 제주신라호텔을 어떻게 그렇게 조기에 안정화시킬 수 있었나? 그거 쉽지 않은 건데…."

나는 뜻밖의 질문이라 조금 놀라고 당황스러웠다.

"특별한 게 있겠습니까, 열심히 했을 뿐입니다."

회장님 앞에서 특별한 요령이나 방법을 일일이 설명할 필요는 없었다. 하지만 그럴만한 분위기였다고 해도 아마 대답은 크게 달라지지 않았을 것이다.

이건희 회장님은 맡은 프로젝트마다 조기에 성과를 창출해 내는 내 능력을 눈여겨보셨던 것이 틀림없었다. 어쨌든 훗날의 일이지만 이건희 회장님과의 면담이 있었던 그날로부터 3개월 후, 나는 중앙개발 대표이사로서 나의 첫 CEO 경력을 시작하게 되었다.

회사에서 나를 발탁한 이유는 나의 배경이나 경력, 그 어떤 것도 아니었다. 바로 성과 창출에 대한 능력이었다. 성과 창출이란 그럴듯한 말이나 깔끔하게 작성된 보고서로는 결코 보여 줄 수 있는 것이 아니다. 오로지 그 결과로 나타난 정확한 숫자와 성과물로만 보여 줄 수 있는 것이다. 그것이 곧 리더의 언어이기도 하다. 리더는 곧 성과로 말하는 법이다.

많은 연봉을 주는 이유

삼성의 임원이라고 하면 언론의 조명을 많이 받게 된다. 하지만 그 관심이라는 것이 임원에게 제공되는 자동차나 연봉의 금액에 초점이 맞춰져 흥미 위주로 다뤄지는 것이 보통이다.

회사에서 한 사람에게 그렇게 많은 연봉을 주는 이유는 무엇일까. 분명히 그 이유가 있다. 적어도 연봉 이상의 역할을 해내라는 무언의 압력이다.

임원은 회사에 고용된 '전문가'이기 때문에 오로지 성과와 실적으로 평가를 받는다. 성과가 좋을 때는 많은 연봉과 함께 좋은 대우를 받을 수 있지만, 부진할 경우 언제라도 가차 없이 방출될 수 있는 그런 냉혹한 세계이기도 하다. 고액 연봉을 받는 자리로 올라갈수록 그만큼 높아진 기대치에 부응해야 하는 것 역시 당연한 이치다.

일반 임원들도 이러한데 CEO의 경우는 오죽하랴. 아무리 청렴결백하고 뛰어난 리더십을 가지고 있다고 해도 성과를 창출하지 못하는 리더는 그 자리에 오래 머물 수 없다.

최고의 위치에서 진정한 승부가 시작된다

오랜 기간 동안 CEO로서 역할을 할 수 있었던 비결을 하나 더 들자면, 바로 끊임없는 혁신이라고 말할 수 있을 것이다.

리더의 자리가 어려운 이유는 단순히 성과 창출에 대한 압박 때문만은 아니다. 더 이상 올라갈 수 없는 자리에 선다는 것은 자신과의 지루한 싸움을 해야 한다는 의미이기도 하다. 이것은 눈에 보이는 경쟁자와 겨루는 것보다 훨씬 어렵다.

대기업에서 임원이 되고 사장이 되고 나면 할 만큼 한 것 아니냐는 생각이 들면서 나태해지기 쉽다. 하지만 최고의 위치에 도달한 순간부터가 진정한 승부처라는 점을 명심해야 한다. 이만하면 충분하다는 생각이 들거나, 지금도 괜찮은데 괜히 나섰다가 실패하지 않을까 주춤거리는 순간, 경영인으로서 잘못된 판단을 내리거나 중요한 결정의 순간을 놓칠 수 있다.

최고의 위치에 오르고자 한다면 무엇보다 스스로를 채찍질하며 항상 도전하고, 앞으로 나아가는 극기克己의 마음가짐을 갖춰야 한다.

세상에 하루아침에 이루어지는 것은 없다. 작은 차이가 시간이라는 힘을 거치면서 큰 차이를 만들어 낸다. 기업은 물론 개인도 마찬가지다. 허태학이라는 개인도 어쩌면 그러한 시간의 힘을 통해 성장해 온 하나의 산물이라고 할 수 있을 것이다.

유학자 집안에서
발견한
고객만족경영의 DNA

오늘의 나를 만든 뿌리

잠깐 시계를 거꾸로 돌려 어린 시절로 돌아가 보고자 한다. 사람들은 자신이 걸어온 지난날에서 성공이나 실패의 원천을 찾게 된다. 나 또한 어린 시절에서 오늘의 나를 만든 뿌리를 찾아볼 수 있을 것이다.

나는 호텔과 테마파크, 석유화학회사를 경영하면서 '서비스의 전도사', '고객만족경영의 전도사'라는 말을 종종 듣곤 했다. 가끔은 그런 말들이 나의 어린 시절과 우리 집안의 가풍에서 비롯된 것은 아닐까 하는 생각을 해 보곤 했다.

내가 태어난 곳은 무량산과 학남산이 에워싸고 있는 경남 고성의 한적한 농촌 마을이다. "고봉高峯이 만장흘萬丈屹하고 청간淸澗이 백회

류百廻流”라는 두암시杜岩詩와 같이 산이 높고 물이 맑은 산자수려한 마을이다.

나는 초등학교 2학년 때 열병을 앓아 한 달 동안 결석한 것을 제외하면 비가 오나 눈이 오나, 추우나 더우나 왕복 5,6킬로미터 거리를 걸어서 학교에 다녔다. 학업 성적도 좋은 편이어서 항상 상위권을 놓치지 않았다.

공부뿐만 아니라 예체능 과목에서도 골고루 두각을 나타냈던 것 같다. 군내 초등학교 대항 웅변대회, 글짓기대회, 글씨쓰기대회, 달리기대회 등 참가하는 대회마다 좋은 성적을 거두어 교장선생님과 담임선생님으로부터 칭찬을 독차지하기도 했으며 5,6학년 때는 전교생 앞에서 송사送辭와 답사答辭를 읽어 졸업식장을 눈물바다로 만들었던 기억도 새롭다.

각서 쓰고 간신히 입학한 중학교

하지만 초등학교 졸업을 앞두고 내 인생의 첫 번째 시련이 다가왔다. 중학교 진학에 걸림돌이 생긴 것이다.

당시 6학년 전체에서 서너 명 정도가 중학교에 진학하는 시절이었지만, 성적으로 보나 그 어떤 것으로 봐도 나의 중학교 진학은 당연한 것이었다. 그런데 큰 문제가 생기고 말았다. 갑작스럽게 할아버지께서 나의 중학교 진학을 허락하지 않으신 것이다.

할아버지는 남쪽 고을에서 촉망받으시던 유학자儒學者였다. 어려서
부터 경서와 역사서를 두루 공부하셨으며 갈파葛坡 최필학崔必鶴의 문
하에서 학업을 익히셨고, 후산后山 허유許愈의 문하에도 출입하셨다.

또한 당시 명필로 저명했던 청강晴崗 최수현崔守玹의 문하에 나아가
그 서법을 전수받으셨으며 전서篆書와 해서楷書, 행서行書, 초서草書에
뛰어난 많은 작품을 남기기도 하셨다.

할아버지께서는 손자를 끔찍이도 아끼시는 분이었다. 손자가 당신
의 가르침을 받아 사랑방에서 한문을 배우며 사랑방에 오시는 손님을
극진히 모시는 수제자가 되기를 바라셨다. 그것이 손자에 대한 또 다
른 방식의 사랑이었다.

할아버지의 뜻이 워낙 강경했기 때문에 아버지, 어머니도 나서서
할아버지의 뜻을 꺾을 수가 없었다. 심지어 초등학교 교장선생님과
담임선생님이 두 차례나 우리 집 사랑방을 방문하여 할아버지를 설득
하려고 했지만 아무 소용이 없었다.

초등학교 6학년 어린 나이였지만 나는 내가 처한 상황을 도저히 받
아들일 수가 없었다. 반항의 의미로 밥을 먹지 않기로 했다. 단식투쟁
을 시작한 것이다. 이틀을 굶었을까? 할아버지께서 나를 사랑방으로
부르셨다.

"이 밑에다 네 이름을 적거라."

할아버지는 조용히 종이 한 장을 내 앞으로 내미셨다.

"할아버님, 이것이 무엇입니까?"

나는 종이에 적힌 글씨를 찬찬히 읽어 보았다. 거기에는 '각서'라는

제목이 적혀 있었다. 중학교만 졸업하고 무조건 할아버지를 모시고 시골에서 유가생활을 배우고 익히겠다는 내용이었다. 할아버지 입장에서는 3년간의 유예기간을 준 일종의 조건부 허락인 셈이었다.

나는 한참을 생각해 보았다. 하지만 나로서는 다른 대안을 찾을 수 없었다. 우선은 중학교에 진학하는 것이 급선무였다. 그렇게 되면 일단 3년이라는 시간을 벌 수 있을 것이라고 생각했다.

중학교 성적이 아주 뛰어나거나 그 사이에 할아버지의 마음이 변한다면 어떤 새로운 길이 열리지 않을까 하는 막연한 기대감을 가지고 각서에 서명을 했다. 그러고 나서야 간신히 읍내에 있는 중학교를 다닐 수 있게 되었다.

봉제사奉祭祀 접빈객接賓客의 맥

3년이라는 시간이 쏜살같이 흘러 어느새 중학교를 졸업해야 할 시간이 다가왔다. 할아버지는 각서의 내용을 잊지 않고 계셨다. 예상했던 대로 고등학교 진학 때도 똑같은 시련이 닥쳐왔다.

하지만 이번에도 무턱대고 단식투쟁을 할 수는 없었다. 다행히 할아버지께서도 한발 물러서신 모습이었다. 고등학교 진학을 반대하지 않으셨지만 다른 조건이 있었다.

"꼭 진학을 하겠다면 사범학교에 가거라."

사범학교를 졸업하고 향리에서 초등학교 선생을 하면서 가문을 지키며 제사를 모시고 손님을 맞는 봉제사 접빈객의 맥을 이어달라는 것이었다.

고민스러울 수밖에 없었다. 사범학교에 진학해서 초등학교 선생을 하는 것이 봉제사 접빈객보다야 백 번 나은 선택인 것은 분명했지만, 향리에서 교편을 잡는 것이 기질적으로도 나와 맞지 않았고 내가 갈 길도 아니라고 생각했다. 그렇게 되면 대학교 진학도 생각해 볼 수 없게 될지도 몰랐다. 순간의 선택이 영원을 결정할 수도 있는 아슬아슬한 상황에 놓여 있었다.

중학교 졸업을 앞두고 고뇌에 찬 나날을 보내며 나는 또다시 대안을 강구하기 시작했다. 할아버지를 설득하기 위한 논리가 필요했던 것이다. 그때 나는 우리나라가 처한 상황에서 그 답을 찾았다.

당시 우리나라는 경제개발 붐이 일기 시작하면서 농촌에도 변화의 바람이 불고 있었다. 농촌생활 개선운동인 4H운동이 전국적으로 왕성하게 전개되었고, 잘살아 보겠다는 몸부림이 꿈틀거리던 때였다.

가난한 나라, 농촌을 잘살게 하는 것이 나라를 잘살게 하는 것이리라. 농가소득을 올리고 농촌계몽을 하여 '이농치국以農治國'의 길을 걷는 것이 한학을 공부하는 것 못지않게 가치 있는 일이고 미래가 있는 길이라고 생각했다.

나름대로 논리를 세워 할아버지를 설득하기 시작했다. 다행히 그 노력이 결실을 맺었는지 할아버지로부터 간신히 고등학교에 진학해도 좋다는 허락을 받았다.

이러한 일들은 3년마다 되풀이되어 고등학교를 졸업할 때가 되어서도 대학 진학을 강하게 이야기할 형편이 되지 못했다. 부모님도 엄하신 할아버지 때문에 안절부절 못하시는 형편이었다. 결국 고등학교 이웃에 있는 대학에 진학하는 방법을 선택함으로써 조금이나마 할아버지께 심려를 끼쳐 드리지 않을 수 있었다. 또한 국립대학이어서 학비도 비싸지 않고 시골집과도 거리가 가까워 안정적인 환경에서 출발하게 되었다.

할아버지가 물려주신 정신적 유산

학교 진학을 놓고 갈등을 겪으면서 할아버지와의 관계도 조금은 소원해졌다. 손자를 바라보는 할아버지의 시선도 예전 같지 않음을 느낄 수 있었다. 내가 초등학교 다닐 때 쓴 공책을 보관해 두셨다가 사랑방에 손님이 오면 보여 주시면서 손자가 글씨를 잘 쓰고 문장을 잘 짓고 한문 공부를 잘한다고 칭찬해 주시던 그 모습은 좀처럼 찾아보기 힘들었다.

하지만 세월이 한참 흐르고 나서 보니 내 인생에서 가장 좋은 면으로 영향을 주신 분이 할아버지가 아니었나 하는 생각이 든다. 내가 직장생활 40여 년 동안 한 번도 지각이나 결석을 하지 않고 약속시간을 어겨 본 적이 없을 정도로 규칙적이고 절제된 생활을 할 수 있었던 배경에는 바로 할아버지께서 몸소 전해 주신 유교 가문의 가통家統과 범백凡百이 자리 잡고 있었음은 물론이다.

비록 할아버지께서 바라시던 '접빈객'의 뜻은 이루지 못했지만, 호텔리어가 되어 전 세계의 수많은 손님들을 대한민국이라는 '사랑방'에 모실 수 있었다는 것이 참으로 아이러니가 아닐 수 없다.

그리고 내가 맡은 기업마다 줄기차게 추진해 온 고객만족경영을 자세히 들여다보면, 사랑방을 찾는 손님을 소중히 모시는 유교적인 가풍에서 비롯된 DNA가 남아 있지 않았을까 하는 생각이 든다.

누구나 자신이 처한 상황이 힘들고 어렵다고 생각할 수 있다. 하지만 그런 순간 하나하나가 개인의 성장을 위한 소중한 자산이 될 수 있다. 자신이 처한 순간을 열심히 살아가는 것이 미래를 위한 훌륭한 밑거름이 되는 것이다.

리더십을 가르쳐 준
특별한
순간들

나의 롤 모델, 달가스와 그룬트비

　　　　　외국어나 전공분야의 전문능력처럼 리더십이라는 것도
꾸준한 학습과 연마가 필요하다. 리더십이 강한 성격을 타고난다거나
높은 자리에 올라가면 어느 날 갑자기 하늘에서 뚝 떨어지는 것처럼
저절로 리더십이 생기는 것이 아니다. 내가 기업을 경영하는 데 큰 힘
이 되어 준 리더십의 기본기들은 대부분 대학과 군대 생활을 통해서
배운 것들이다.

　　나는 대학 재학 중 농촌계몽운동에 깊은 관심을 갖고 있었다. 학기
중에는 야간학교에 나가 젊은이들에게 강연을 하며 힘 있는 농촌을 만
들자고 호소했고, 방학이 되면 농촌계몽활동에 적극 나서기도 했다.

　　그때 덴마크 농촌의 성공 모델에 깊은 관심을 갖고 있던 나는 달가

스Dalgas, 1828~1894와 그룬트비Grundtvig, 1783~1872 같은 사회개혁가들에게 매료되기도 했다.

달가스는 덴마크가 프로이센과의 전쟁에 패해 국민이 실의에 빠져 있을 때, "밖에서 잃은 것을 안에서 찾자"며 국민에게 용기를 불어넣으면서 황무지 개간에 앞장섰던 사람이다. 그의 열성에 감동한 국민이 그와 함께 모래땅에 나무심기를 거듭한 끝에 거친 국토는 푸른빛으로 바뀌었고, 이로써 덴마크 부흥의 기틀이 다져졌다.

그룬트비는 루터교회 목사의 아들로 덴마크의 부흥에 기여한 농민교육자다. 그는 조국에 대한 지극한 사랑으로 예부터 전하는 민족정신과 그리스도교를 바탕으로 하여 국민부흥을 위해 평생을 바쳤다. 특히 1864년 패전 후 그의 제창으로 전국에 설립한 국민대학국민고등학교에서 교육을 받은 농촌 청년은 패전에 잇따른 농업 위기를 극복하고 세계적인 농업국가, 평화적인 문화국가 건설의 기초를 이룩하였다.

내가 롤 모델로 삼았던 이 달가스와 그룬트비 같은 인물이 되려면 뛰어난 리더십이 필요할 것이라고 생각했다. 그래서 이것을 빨리 체험해 볼 수 있는 길이 군 장교생활이라고 판단하여 대학 재학 중 ROTC에 지원해 장교의 길을 걷게 되었다.

요즘 많은 젊은이들이 힘들고 고생스럽다는 이유로 군대 가기를 꺼리는 것으로 알고 있다. 한참 공부해야 할 나이에 입대하게 되면 시간을 빼앗기고 그만큼 사회 진출도 늦어질 수 있을 것이다. 하지만 나의 경우 군대생활이야말로 돈으로도 살 수 없는 소중한 시간이었다고

말하고 싶다. 나라를 지키고 남자로서 병역의 의무를 다하는 것이야
말로 젊은 시절 경험한 가장 값진 리더십 체험의 기회였던 것이다.

임관 6개월 만에 맡은 수송관의 중책

대학을 졸업한 후 ROTC 5기로 28사단 6238포병부대 소
위로 임관했다. 그곳에서 부대 배치 6개월 만에 수송관을 맡으라는
명령을 받았다. 수송관은 수송 요원과 차량 연료와 부품, 기타 관련
자재 모두를 총괄 관리하는 포병부대 참모로, 원래는 대위급이 맡는
중책이었다.

고작 임관 6개월 된 소위가 그동안 대위가 담당해 온 직책을 수행하
게 되었다는 사실에 잠시 뿌듯한 마음이 들기도 했다. 하지만 주변의
반응은 뜻밖이었다.

"허 소위, 그거 쉬운 일 아니야. 빨리 부대장을 찾아가서 수송부 근
무를 면하게 해 달라고 부탁해 보게."

수송관을 맡으면 절대로 안 된다는 선배들의 조언이 줄을 이었다.
이유를 들어보니 엄청난 업무량은 그렇다고 해도 차량부품 등의 과부
족이나 손망실 때문에 사고도 많고 탈도 많다는 것이었다. 또한 분실
된 공구나 연료 손실, 차량 고장 등의 사고는 사비私費로라도 처리해야
하기 때문에 월급 한 푼 손에 쥐어 보지 못하는 일이 비일비재하다는
것이었다.

게다가 밑에서 누가 몰래 부정을 저지르다 들키기라도 하면 수송관에게 관리 책임을 묻기 때문에, 남들 다 하는 명예로운 제대를 하지 못하게 되는 경우도 있다는 것이다.

세상 일이 쉬운 게 없다지만, 이래저래 고민을 하지 않을 수가 없었다. 집안 어른들은 몸만 건강하게 있다가 제대하라는 터여서 월급은 문제가 되지 않았다. 하지만 불명예 제대만큼은 대수롭게 넘길 수 있는 사안이 아니었다.

나는 고민 끝에 정면 돌파를 선택하기로 했다. 그리고 군대라는 명령사회에서 부대장의 지시를 따르지 않는 것 또한 있을 수 없는 일이었다. 마음을 다잡은 나는 주어진 일을 맡기로 결심했다.

아예 2년간 휴가를 나가지 않겠다고 마음먹었다. 휴가 좀 가지 않는다고 해서 인생이 뒤집어지랴 하는 심정이었다. 군대생활의 유일한 낙이라 할 수 있는 휴가를 반납한다는 것은 군대생활에 모든 것을 건다는 의미였다. 오히려 이번 기회를 통해 리더로서 지휘 통솔 능력을 키우고 발휘해 보자는 결심을 굳혔다.

겁 없는 신임 소위의 도전

수송관이 되자마자 본부중대와 3개 중대, 그리고 수송부에 각자 흩어져 있던 병력을 하나로 모아 총 140여 명의 병력으로 상사, 중사, 하사가 12명인 통합수송부를 만들었다.

원활하게 관리를 하기 위한 것이기는 했지만 지금 생각해 보면 어처구니없는 일이라는 생각도 든다. 임관 6개월밖에 안 된 신임 소위가 군대 조직 구조에 손을 댄 것이었기 때문이다. 겁 없는 신임 소위의 도전이라고밖에 표현할 수 없을 것 같다.

본부중대 막사에서 수송부 요원들이 침식을 함께 하며 합동 근무를 하도록 하고, 정기적인 정신교육과 체육훈련으로 팀워크를 향상시키는 데 전력을 다했다. 그때 나를 믿고 따라주던 수송부원 한 명 한 명의 얼굴이 아직도 기억에 선하다. 한여름 비가 억수같이 쏟아지는데도 아랑곳하지 않고 임진강변에서 뗏장을 날라 수송부 차량 대피용 차고를 만들며 빗물에 땀방울을 씻어 내리던 기억. 그때 그 열의와 성의는 결코 잊을 수가 없다.

과감한 조직 통합, 그리고 계속되는 교육과 훈련이 빛을 발하면서 수송부에 놀라운 변화가 생겨나기 시작했다. 항상 '사고뭉치'로 평가받던 수송부가 사단과 군단 표창을 몇 차례씩 받을 정도로 일 잘하는 부서로 탈바꿈한 것이다.

아무리 문제가 있는 조직이라고 해도 전체 조직원들이 마음을 합하면 어떤 어려움도 극복해 낼 수 있다는 것을 가슴 깊이 느끼게 되었다. 그때의 경험은 사회에 나와서도 나를 지탱하는 든든한 밑거름이 되어주었다.

제대를 앞두고는 장기복무를 해 달라는 부대장과 부하 병사들의 끊임없는 요청에 즐거운 비명을 질러야 했지만, 사회와 국가를 위한 가치 있는 역할이 군대 안에만 있는 것은 아니라고 생각했기에 모든 것을 털어버리고 가벼운 마음으로 군문軍門을 나설 수 있었다.

제대 후 10여 년 만에 ROTC 모임에서 만난 당시 부대장은 삼성이라는 산업체 안에서 열정을 쏟고 있다는 내 이야기에, 군에서 우수하면 사회에서도 우수하다는 것을 다시금 느끼게 되었다면서 어깨를 두드려 주었다.

불가능을 가능케 하는 도전정신, 높은 가치창출을 위해 팀워크로 한데 뭉쳐 정진을 거듭하는 정신, 그리고 하나의 성취를 넘어 또 다른 성취를 이루기 위해 멈추지 않는 정신 등은 군 지휘관 생활을 통하여 터득한 가치 있는 교훈이었다.

또한 군대생활은 언제 어느 곳에서든 항상 자신이 원하는 바를 끊임없이 생각하면서 꿈을 이뤄 나가는 것이 가장 중요하다는 것을 느끼게 해 준 소중한 경험이었다.

무엇이라도
녹일 만큼
뜨거워 본 적이 있는가

호텔 매니지먼트에 대한 새로운 도전

제대 후 삼성그룹에 입사한 나는 중앙개발에서 첫 직장 생활을 시작했다. 총무부 소속으로 건설 공사에 자재를 조달하고 관공서를 통해 각종 인허가 문제들을 해결하는 등 공사 전반을 지원하는 일이었다.

앞에서 언급했던 것처럼 호텔신라 공사 중에 외자 도입이 여의치 않아 공사가 중단되어 태평로 삼성 본관 건설공사에 투입되었다가, 다시 돌아와서 호텔신라 공사를 완전히 마무리하고 전관 개관을 한 것이 1979년 3월이었다.

어느덧 내 직책도 총무부장이 되어 있었다. 호텔 공사도 끝났으니 이제 다시 그룹으로 돌아가 새로운 일을 기다려야 하는 차례였다.

하지만 경영진으로부터 뜻밖의 지시가 내려왔다.

"허 부장, 그룹으로 돌아가지 말고 호텔 매니지먼트를 한번 해 보게. 호텔을 처음 시작하는 것이니 지금부터 함께 하면 많은 것을 배울 수 있지 않겠나."

호텔을 짓는 일과 호텔을 운영하는 일과는 조금도 관련이 없다는 것은 누구라도 알 수 있을 것이다. 게다가 개인적으로 호텔 영업에 대해 관심을 가졌다거나 한 번이라도 깊이 생각해 본 적이 없었다.

"그게 무슨 말씀입니까?"

갑작스러운 제의에 깜짝 놀랄 수밖에 없었다.

"저는 호텔업하고는 잘 맞지 않는 것 같습니다. 저보다 더 우수한 사람을 발탁해서 쓰는 게 좋겠습니다."

나는 완곡하게 반대의사를 밝혔다. 농촌계몽활동을 하고 군대에서 장교생활까지 한 내가 남에게 머리 숙여 절이나 꾸벅꾸벅한다는 것을 당시로서는 도저히 납득하기 어려웠다. 게다가 호텔 영업과 관련해서 아는 것도 없었다.

웬만하면 피하고 싶었지만 조직원으로서 회사의 지시를 거부할 수도 없는 노릇이었다. 나는 총무부장에서 부총지배인으로 승진한 다음 호텔 매니지먼트로 유명한 미국 코넬대학으로 1년 간 연수를 떠나게 되었다. 코넬대학은 1922년 미국에서 처음으로 호텔경영학과를 개설했을 정도로 전통 있고 명성도 높은 학교였다. 호텔에 대해서는 문외한이나 다름없었지만 나는 코넬대학 연수를 통해서 호텔 경영에 대한 이론적인 기반을 다질 수 있었다.

면세점 사업의 성공적인 안착

미국 연수에서 돌아온 후 본격적인 호텔리어로서의 생활이 시작되었다. 호텔 경영에 대한 공부를 하고 왔기 때문에 어느 정도 자신감도 생겼다. 영업도 순조로워서 경영이 흑자로 전환되어 국제적인 명문 호텔로 도약하기 위한 기반을 다지고 있었다.

그런데 호텔신라가 어느 정도 안정궤도에 오를 즈음, 면세점 오픈이라는 새로운 임무가 내게 주어졌다.

1986년 서울아시안게임을 앞두고 외국 관광객들을 위해 면세점 사업에 새롭게 진출하게 되었는데, 이때 '초대' 사업부장을 맡은 것이다. 어쨌거나 호텔신라 면세점은 후발주자였음에도 불구하고 면세점 시장에 뛰어든 지 6개월 만에 기존 면세점의 간판주자였던 동화면세점과 어깨를 나란히 하는 수준으로 급성장하며 성공적으로 시장에 안착할 수 있었다.

또한 호텔신라 초대 외식사업부장을 맡아 1986년 서울아시안게임과 1988년 서울올림픽 급식사업도 성공적으로 수행했다. 당시 정부에서는 선수촌과 기자촌의 급식사업을 국내 기업이 감당할 수 없다고 생각하고 외국 단체급식 전문업체에게 용역을 주려던 참이었다.

하지만 호텔신라가 중심이 되어 롯데호텔과 프라자호텔이 연합하여 정부를 설득한 끝에 1986년 서울아시안게임 급식사업을 공동으로 수주하게 되었다. 또한 그 노하우를 살려 1988년 서울올림픽 급식사업도 거뜬히 수주할 수 있었다.

다시 제주신라호텔 초대 사업부장으로

면세점 오픈과 급식사업 진출을 성공적으로 끝낸 후 잠시 숨 돌릴 틈도 없이 또다시 신규사업부로 발령이 났다. 이번에는 새로운 호텔이었다. 호텔신라는 국내 최고 호텔의 자리를 구축하고 있었지만 호텔 사업 특성상 하나의 호텔로는 지속적인 성장이 어렵기 때문에 체인 호텔 진출을 적극 추진하고 있었다. 한때 리버사이드호텔 인수를 검토하기도 했으나 사업성이 없는데다 투자 여력도 없어 포기할 수밖에 없었다. 그 대신 선택한 곳이 바로 제주였다.

1987년 후반 전담조직이 구성되어 본격적으로 사업이 추진되었고, 후대에 길이 남을 최고의 걸작을 만들자는 경영층의 확고한 의지와 최고급 체재형 리조트호텔을 건설하겠다는 명확한 목표로 새로운 호텔 건설이 본격화되었다.

지금이야 제주도가 연중 국내외 관광객들이 많이 찾는 명소가 되었지만, 1980년대 후반만 해도 제주에 특급호텔이 단 하나밖에 없을 정도로 국제적인 관광단지로 매우 빈약한 수준이었다. 게다가 도심형 호텔과 달리 휴양지에 위치한 시사이드 호텔의 경우, 여름 휴가철을 제외한 나머지 계절의 영업이 무척 어려운 형편이었다.

나는 제주신라호텔의 '초대' 사업부장을 맡아 호텔 공사 때부터 참여했으며, 호텔이 완공되고 난 후에는 '초대' 총지배인을 맡아 경영을 총괄하게 되었다.

호텔 개관을 앞두고 맞은 위기

신규 사업에는 항상 예기치 않은 위기가 도사리고 있다. 언제 어디서 어떤 일이 벌어질지 예측하기도 어렵다. 그러한 어려움을 극복해야 하는 것이 어쩌면 신규 프로젝트를 담당하는 사람이 가져야 하는 숙명인지도 모르겠다.

1990년 6월, 제주신라호텔의 공사가 마무리 단계에 접어들어 개관 준비가 한창일 때의 일이다. 예상치 못한 위기 상황에 봉착했다. 당시 중문관광단지 개발규제사항에 의하면 건물 층수가 5층을 초과할 수 없었는데, 해변에 인접할수록 점차 낮아지는 지형으로 제주신라호텔의 건물 한쪽은 5층 이상의 높이가 될 수밖에 없었다.

"이 건물은 5층이 아니라 6층 아닙니까?"

허가관청은 이를 문제 삼아 준공허가를 내주지 않았다. 준공허가 없이는 호텔 영업허가도 받을 수 없으니 개관 날짜까지 절차에 따른 적법한 허가를 받는 것은 거의 불가능해 보였다. 개관일에 맞출 수 없다는 것, 이것은 그저 호텔 문을 며칠 늦게 여는 것과는 차원이 다른 아주 심각한 문제였다.

개관 일정에 맞춰 7월 성수기 예약을 이미 받아 놓았을 뿐만 아니라, 다수의 세미나 또한 예정되어 있었기 때문이다. 당시 제주도는 경제단체들의 하계 세미나가 열리는 장소로 자주 이용되고 있었고, 제주신라호텔의 마케팅 부서는 이를 겨냥해 연초부터 비공식적인 홍보 활동을 통해 5개 대형 행사 중 4개를 유치해 놓은 상황이었다.

자칫 잘못했다가는 호텔 문을 열기 전부터 고객들에게 부정적인 인상을 심어 주게 될 지경이었다. 고객 입장에서 여름 휴가철의 중요한 예약을 취소당한다고 생각해 보라. 아마 상상하기 힘들 것이다. 게다가 개인적인 가족 여행도 아니고 주요 경제단체들의 행사를 취소시켰다가는 그 후폭풍을 감당하기 어려울 것으로 보였다.

개관일 연기로 치러야 할 유무형의 대가는 상상하기 어려울 정도로 엄청난 것이기 때문에 어떻게든 그런 상황을 막아야 했다. 애를 태우며 백방으로 뛰어다녔지만 소득이 없었다. 그러는 사이에 개관일은 하루하루 가까워지고 있었다.

"기업의 하계 세미나 개최가 무산되는 것은 제주신라호텔만의 문제가 아닙니다. 관광이 주된 수입원인 제주도 전체로 볼 때도 큰 손해일 수밖에 없습니다."

임직원들은 계속해서 제주도청 담당자들과 접촉하면서 설득 작전을 펼쳤다.

"일반 세미나가 아니라 경제단체 모임이니만큼 만일 이번 행사가 제대로 열리지 않으면 제주도의 진입 장벽이 지나치게 높다는 소문이 재계에 퍼지는 것은 순식간일 겁니다."

국내 최고의 호텔이 진입하는 데도 이렇게 고생을 하는데, 어느 대기업이 제주도에 기꺼이 투자를 하겠느냐는 논리였다.

드라마보다 더 드라마 같았던 그날

집요한 설득과 노력 끝에 가까스로 건축허가를 얻을 수 있었다. 그야말로 천만다행이었다. 하지만 건축허가를 받느라 많은 시간을 소모한 상황이어서 이제 남은 날짜가 얼마 없었다.

일정에 맞춰 영업 인허가를 취득하기 위해서는 서울과 제주도를 오가며 전 직원이 한몸처럼 뛸 수밖에 없었다. 한 편의 드라마와도 같은 당시 상황을 돌이켜보면 저절로 손에 땀이 쥐어질 정도다.

1990년 6월 30일. 이제 개관일까지는 딱 하루밖에 남지 않았다. 가사용 승인허가를 받기 위해 전 직원이 총동원된 입체적인 작전이 펼쳐졌다. 총무팀장은 새벽부터 서울 교통부에, 나는 제주도 현장에, 그리고 총무과장은 서귀포 시청에서 비상대기를 하고 있었다.

"교통부의 승인을 받았습니다. 곧 제주도로 출발하겠습니다."

총무팀장이 서울에서 교통부의 승인을 받아 제주에 도착한 시간은 오후 4시. 제주도청 민원 담당자가 자리에 없어 관광국장을 통해 어렵사리 공문을 접수시켰다.

이어서 부랴부랴 서귀포 시청으로 이동했지만 이미 시계는 저녁 7시 30분을 가리키고 있었다. 퇴근 시간을 넘긴 시청 민원 접수 담당자는 이미 자리를 뜨고 난 후였다.

마지막 인허가 서류를 접수할 담당자가 퇴근을 했다는 소식을 전해 들은 순간, 새벽부터 발을 동동 구르며 동분서주했던 노력이 결국 수포로 돌아가고 마는가 하는 허탈감에 빠졌다. 당시만 해도 휴대전화가 없던 터라 담당자를 찾을 길이 막막했다. 하지만 그런 마음도 잠시, 그동안의 노고를 헛되이 하지 않기 위해서라도 여기서 포기할 수는 없었다.

"제주도 전역을 다 뒤져서라도 담당자를 찾아보도록 합시다."

결국 전 직원이 나서서 제주도를 뒤지기 시작했다. 각자 흩어져 서귀포에 있는 음식점과 술집 등을 샅샅이 훑어 나갔다. 시계가 새벽 2시 30분을 가리킬 즈음, 결국 직원들이 담당자를 찾아냈다는 연락을 받았다. 친구들과 술잔을 기울이고 있던 그는 그곳에 나타난 우리 직원을 보고 깜짝 놀랐다고 한다.

결국 담당자와 함께 시청으로 가서 접수도장을 받은 시각이 오전 3시 30분. 모든 인허가 과정이 개관일 호텔 문을 열기 불과 몇 시간을 앞두고 마무리된 것이다.

마지막으로 객장에서 손님을 맞을 준비가 되었는지 최종 확인 작업에 들어갔다. 모든 것이 완벽하게 준비되었다는 보고를 받는 순간, 이제 됐다는 생각에 가슴이 벅차올랐다.

어느덧 창 너머로 해가 떠오르고 있었다. 직원들의 고생 덕에 제주신라호텔이 흠결 없는 맑은 얼굴로 손님을 모실 수 있게 되었다는 생각에 감개무량할 따름이었다. 당시 직원들의 정성과 관계부서 여러 담당자들의 배려가 오늘의 제주신라호텔을 탄생하게 했다. 그때를 회상하니 다시금 감사하는 마음이 솟구쳐 오른다.

'초대'라는 '훈장'이 주는 의미

'초대'라는 타이틀은 미지의 길을 가는 자에게 주어진 '훈장'과도 같은 것이라고 생각한다. 처음이라는 것은 누구도 밟아 보지 않은 길을 가는 것이기에 앞서서 지나간 사람들의 발자국을 볼 수 없다. 모든 것을 스스로 헤쳐 나가야 하는 운명이다.

그렇기 때문에 더욱 힘든 일이다. 노력도 몇 배나 든다. 하지만 그 힘들고 어려운 과정을 이루어 냈을 때 얻게 되는 결실은 그 무엇과도 비교할 수 없을 정도로 달콤하다. 스스로 성취했기 때문에 더 크게 성장할 수 있다. 무수한 신규 프로젝트를 맡았던 경험이 직장생활 내내 나를 성장시켜 준 소중한 자양분 역할을 했음을 훗날 깨닫게 되었다.

맡은 신규 프로젝트마다 성공적으로 안착시킬 수 있었던 특별한 비결은 무엇이었을까? 만약 비결이 있다면 나는 그것을 '열정'이라고 말하고 싶다. 오너가 아니라 단순한 월급쟁이임에도 내 사업인 것처럼 온몸을 바쳐 일했다. 일이라면 무엇이든지 좋았다. 최선의 성과, 최고의 성과를 내는 주인공이 되자는 열정이 내 마음속에 가득했다.

열정이야말로 사람을 감명시키고 움직일 수 있도록 만드는 힘이다. 뜨거워야 녹일 수 있다. 누구라도, 무엇이라도 녹여 버릴 수 있는 뜨거운 열정을 가지고 있어야 한다.

가슴에 손을 얹고 한 번 생각해 보라. 자신이 얼마나 뜨거운 존재인지, 또 얼마나 뜨거운 열정을 가지고 있는지. 불가능을 가능으로 바꿀 수 있는 원동력은 바로 가슴속에서 솟구치는 뜨거운 열정에 있다.

새로운 도전을 결코 두려워 마라

뜻밖의 인사발령

제주신라호텔을 성공적으로 안착시키고 잠시 숨을 돌리고 있던 1993년 8월, 앞서 말했던 것처럼 일본 출장을 떠나게 되었다. 디즈니랜드를 비롯한 여러 테마파크를 둘러보고 마지막으로 도쿄에 머물러 계시던 이건희 회장님에게 보고를 하고 난 직후였다.

"허 전무, 귀국하기 전에 다가사키 현에 있는 하우스텐보스를 한 번 둘러보고 들어가게."

디즈니랜드에 이어서 하우스텐보스라니. 난 그때까지도 왜 이 회장님이 호텔 영업을 하는 내게 테마파크들을 둘러보라고 했는지 이해하지 못했다.

어쨌든 회장 보고를 끝내고 지시받은 대로 하우스텐보스를 돌아본

후 한국으로 돌아가는 길에 회사에 전화를 걸어 사장에게 출장 복귀에 대한 보고를 했다.

"회장님께 보고도 다 드렸고 출장 일정도 모두 마쳤습니다. 이제 내일 들어가게 될 것 같습니다."

"수고했어요, 허 전무. 그런데 말이야⋯."

"네?"

"허 전무, 이번에 중앙개발로 가게 됐네요."

"중앙개발이라니요? 그게 무슨 말씀입니까?"

"말 그대로예요, 중앙개발로 발령이 났어요."

나는 순간 당황스러웠다. 중앙개발은 삼성에버랜드의 전신으로 내가 처음 입사했던 회사다. 하지만 그 회사를 떠나온 지 벌써 20년이 지난 시점이었다.

그리고 그 사이 나는 완벽한 호텔맨으로 변신해 있었다. 호텔 일을 처음 시작할 때와는 반대로 이제는 호텔을 떠나서 다른 일을 한다는 것을 생각하지 못할 때였다. 그제서야 이건희 회장님이 디즈니랜드와 하우스텐보스를 둘러보게 한 까닭을 알 수 있었다.

수화기 너머로 들려오는 내 목소리에서 당황스러워하는 기색을 알아차렸는지, 당시 나와 통화했던 호텔신라 사장이 나를 위로했다.

"내가 어찌하겠소. 회장님께서 허 전무를 발탁하여 인사발령을 내신 건데⋯."

프랑크푸르트 선언과 자연농원의 혁신

1993년 9월, 오랜 기간 동안 몸담았던 호텔신라를 떠나 자연농원에서 새로운 출발을 하게 되었다. 그동안 여러 신규 프로젝트에서 성공을 거둔 경험을 바탕으로 자연농원을 기존의 틀에서 완전히 떼어내어 새롭게 혁신시키라는 이건희 회장님의 의중이 담긴 인사 발령이었다.

1993년은 삼성그룹 전체로 볼 때도 무척 의미 있는 해였다. 내가 중앙개발로 발령이 나기 직전인 6월, 이른바 '처자식만 빼고 다 바꿔 보자'는 이건희 회장님의 '프랑크푸르트 선언'이 발표되었기 때문이다. 자연농원의 혁신도 신경영에 대한 강력한 의지가 반영된 대표적인 프로젝트였던 셈이다.

당시만 해도 호텔신라와 자연농원은 그야말로 극과 극이라는 표현이 어울릴 정도로 환경면에서 큰 차이를 보였다. 한 나라와 한 도시를 대표하는 최고의 문화가 모인 곳이 호텔이라면, 자연농원은 아직도 풀냄새와 흙냄새가 풍기는 시골이었다.

호텔신라가 카펫이 깔린 길이라면 자연농원은 흙길이었다. 또 양복과 작업복, 구두와 고무신으로 비교될 정도로 비슷한 인적 서비스 산업임에도 불구하고 모든 면에서 호텔신라와 자연농원은 엄청난 격차를 두고 있었다.

갑작스럽게 전혀 다른 환경으로 발령이 났다는 소식을 들었을 때는 마치 황무지에 홀로 선 듯한 느낌이 들기도 했다. 게다가 다시 중앙개발로 발령이 나기 전까지 개인적으로 자연농원에 가 본 적이 없었으니 정말이지 뜻밖의 발령이었다.

하지만 주저했던 마음은 잠시였다. 새로운 도전에 나서는 것은 내 운명과도 같은 것이라고 생각하니 쉽게 받아들일 수 있었다. 결코 망설일 이유가 없었다. 마음을 다잡고 또 다른 도전을 기대하게 되었다. 그러자 다시 발걸음이 바빠졌다.

내 인생 첫 CEO의 시작

발령 후 두 달간은 임원으로 재직하면서 자연농원의 시설 현황과 운영 수준을 파악했고, 이를 통해 변화가 필요한 여러 가지 과제들을 찾아냈다. 곧이어 한 달여의 일정으로 선진 테마파크와 리조트를 돌아볼 기회를 갖게 되었다.

1843년에 개장하여 150년의 역사를 가지고 있는 덴마크의 티보리 파크를 시작으로 독일의 유로파 파크, 프랑스 파리의 유로 디즈니 리조트 등을 둘러보고, 미국으로 건너가 올랜도의 디즈니 월드 리조트와 MGM 스튜디오, 타이푼 라군, 유니버설 스튜디오, 애너하임에 있는 디즈니랜드 등을 견학했다. 특히 당시 세계 최대 규모의 파도풀과 유수풀을 보유한 타이푼 라군은 나중에 에버랜드의 테마형 워터파크인 캐리비안 베이의 탄생에 직접적인 영향을 미쳤다.

이어 일본으로 건너가 나고야에 위치한 F1 경기장 '스즈카 서키트'

와 규슈 지역의 대표적인 자연친화형 리조트 '프루트 앤 플라워 파크' 등을 두루 둘러보는 기회를 가졌다.

전 세계의 유명한 테마파크를 돌아보면서 새로운 아이디어를 얻을 수 있었다. 그리고 이때 얻은 많은 아이디어들은 이후 자연농원을 에버랜드로 탈바꿈시키는 데 큰 도움을 주었다.

한 달여의 출장을 마치고 회사로 돌아오니 뜻밖의 선물이 기다리고 있었다. 전무이사에서 대표이사로 발령이 난 것이다. 내 인생 첫 CEO의 경력이 시작되는 순간이었다.

무수한 신규 프로젝트에 대한 끊임없는 도전을 통해 얻게 된 영광이었다. 아마 수많은 도전을 겪지 않았다면 그런 기회가 이렇게 빨리 찾아오지 않았을지도 모른다. 아니, 평생 한 번도 찾아오지 않았을지도 모르겠다.

아무리 험난한 길이라고 해도 새로운 도전의 기회를 두려워하지 마라. 도전은 언제나 새로운 기회를 가져다주는 법이다.

변해야 할 땐
생각의 틀부터
바꿔라

1차산업에서 3차산업으로

자연농원은 1976년 국토개발 시범사업장으로 처음 출발했다. 그러다 보니 농림 축산 진흥이 주목적이었고 가족놀이동산으로서의 기능은 부수적이었으므로 국민의 여가에 대한 욕구를 채워 주기에는 당연히 한계를 가지고 있을 수밖에 없었다. 또한 당시만 해도 용인은 서울에서 접근하기가 쉽지 않은 거리였다.

반면 국민소득이 점차 증가하면서 국민의 문화에 대한 눈높이는 점점 높아지고 있었다. 놀이동산에 대한 수요도 어느 때보다 높아졌다. 이러한 시대의 변화에 부응하기 위해서는 자연농원이 가지고 있는 한계를 뛰어넘을 수 있는 과감한 변화와 혁신이 필요했다.

한 달여 동안 여러 나라를 돌면서 보아 온 세계 최고의 테마파크들과도 너무나 동떨어져 있었다. 당장 변하지 않는다면 사람들로부터 외면을 받는 것은 시간문제였다.

대표이사로 취임하고 나자 자연농원의 혁신에 대한 고민이 더욱 깊어졌다. 하지만 한두 가지의 변화로는 자연농원이 태생적으로 가지고 있는 한계를 뛰어넘을 수 없다고 판단했다.

자연농원에 대한 사고를 송두리째 바꾸어 놓을 만한 변화가 필요했다. 그래서 기존 생각의 연장선상이 아니라 완전한 환골탈태換骨奪胎를 시키기로 마음먹었다.

우선 업業의 개념부터 바꾸었다. 과거 자연농원이 시골농장 개념의 1차산업이라면, 앞으로는 서비스를 판매하는 3차산업이 되어야 한다는 것이 내 생각이었다. 이를 위해서는 직원들의 마인드부터 바뀌어야만 했다.

그리고 지역에 국한되어 있던 사업 범위를 전국으로 넓히고, 나아가 세계로 확대하도록 했다. 또한 내국인 중심의 영업 마인드를 외국인을 포함한 글로벌 고객을 대상으로 변화시켜 나갔다.

그리하여 '리조트' 개념을 도입, '21세기 체재형 리조트 타운 건설'이라는 슬로건을 내걺으로써 국토개발 시범사업장으로 처음 등장했던 자연농원은 개장 18년 만에 월드 클래스 리조트로서 도약을 꿈꿀 수 있게 되었다.

새로운 콘셉트의 리조트를 꿈꾸다

새로운 변화에 대해 한쪽에서는 동의를 했지만, 반대의 견 또한 만만치 않았다. 그 전에도 이런저런 이유로 자연농원에 대한 변화의 필요성이 제기되었지만 제대로 실천된 사례가 없었다.

"힘들게 새로운 계획을 세울 필요가 있을까요? 기존에 세워 둔 마스터플랜도 많은데, 그것을 잘 실행하는 것이 더 좋지 않겠습니까?"

알고 보니 그동안 자연농원에 대한 마스터플랜이 수립된 것만 해도 여섯 차례나 되었다.

하지만 기존 마스터플랜에는 21세기에 예상되는 시장 변화가 전혀 반영되어 있지 않았다. 마스터플랜이라기보다는 공원 내 조경계획이라고 보는 편이 더 나았다. 하드웨어적인 부분의 개선안만 포함되어 있어서 테마파크의 종합적인 계획으로는 턱없이 부족했다.

기존의 마스터플랜이 테마파크 단지에만 국한되어 있었다면, 당시 내가 구상하던 것은 테마파크를 포함한 리조트 단지 마스터플랜이었다. 또한 리조트 전체 단지 계획을 유기적으로 세우되, 연간 입장객을 추정해 단계별로 적정 규모의 개발을 해 나감에 따라 전체 프로젝트의 경제성도 고려할 수 있도록 했다. 이와 함께 디즈니랜드와 같은 선진 테마파크의 비즈니스 모델을 벤치마킹하고 깊이 연구해 나갔다.

외부의 힘도 적극적으로 활용했다. 당시 자연농원은 자체적으로 뛰어난 시공 능력을 보유하고 있었지만, 월드 클래스 리조트 콘셉트를 개발하고 단지를 최적으로 디자인할 만한 능력은 부족한 상황이었다.

순혈주의 등을 내세워 기존 인력만을 고집할 경우 리조트 개발에 무리가 따를 것으로 보였다. 따라서 우수한 인재를 확보하는 데 적극 나서는 것과 동시에 세계적인 리조트 개발 경험이 많은 선진기업을 함께 활용하기로 했다.

특히 우리나라처럼 사계절 기온 변화가 심한 나라에서는 사계절형 상품이 있는 테마파크가 되지 않으면 고객을 만족시킬 수 없을 것으로 판단, 대규모 단지 개발 실적이 경쟁업체보다 월등히 많은 미국의 대표적인 마스터플랜 업체 SWA그룹을 선정했다.

당시 외주업체와 함께 머리를 짜내어 수립한 계획은 선진국 수준의 종합 리조트 단지 개발 계획이었으며, 그때 수립된 계획이 전체 리조트 단지 개발 계획의 근간이 되었다.

한국의 테마파크를 넘어 세계의 테마파크로

용인 자연농원을 월드 클래스 리조트로 개발하기 위해서 가장 먼저 해야 할 일은 1차산업형 브랜드인 기존의 '자연농원'이라는 이름을 바꾸는 것이었다. '자연농원'은 설립 당시만 해도 시대를 앞선 뛰어난 콘셉트라는 평가를 받았지만, 자연농원을 둘러싼 환경은 빠르게 변하고 있었다.

'자연농원'은 말 그대로 농작물을 심고 가꾸는 곳이라는 느낌은 제대로 전해 주고 있지만 꿈과 희망을 연상시키기에는 부족했다. 특히 국내 일부 지역을 대상으로 한 것이 아니라 전 세계를 무대로 하는 국제형 테마파크 이름으로는 한계가 있었다.

단순히 이름을 바꾸는 데 그치는 것이 아니라 종합적인 브랜드 전략을 세워야 한다는 판단 하에 세계적인 브랜드를 만든 경험이 있는 업체를 물색하기 시작했다. 자연농원을 코카콜라, IBM, 디즈니 등과 같이 세계적인 브랜드를 개발하고 장기적으로 육성하기 위해서는 꼭 필요한 과정이었다. 그렇게 해서 찾아낸 회사가 바로 세계적으로 브랜드 개발 경험이 풍부한 미국의 랜도 Landor 사였다.

"이 일을 맡기는 데 조건이 하나 있습니다."

"조건이라니요?"

"랜도의 아시아 지사가 아니라 미국 샌프란시스코에 있는 본사에서 이 일을 맡아서 진행해야 합니다."

글로벌 네트워크를 가진 기업의 경우 해당 지역의 지사에서 일을 진행하는 것이 일반적이다. 랜도사는 홍콩에 아시아 지사를 두고 있었다. 같은 문화권에 있기 때문에 클라이언트와의 커뮤니케이션도 빠르고 고객에 대한 이해도도 높기 때문에 해당 지역 지사에서 일을 하면 오히려 더 좋은 성과를 거둘 수도 있을 것이다.

하지만 내 생각은 달랐다. 우리가 필요로 했던 것은 아시아적인 콘셉트가 아니라 세계인이 공감할 수 있는 글로벌 콘셉트에 맞는 브랜드 개발이었다. 랜도사가 아무리 세계적인 브랜드 개발 회사라 해도 우리와 비슷한 아시아 사람들의 시각으로는 글로벌 브랜드 개발에 어려움이 있을 것이라는 생각이 들었다.

한국의 테마파크나 아시아의 테마파크가 아니라 월드 클래스 테마파크가 되어야 한다고 판단했기 때문이다.

그렇게 해서 탄생한 브랜드가 바로 '에버랜드' 다. 지금이야 에버랜드라는 브랜드가 친숙하고 세련되게 느껴지지만, 그때 브랜드 변경 작업을 진행할 당시의 분위기는 지금과는 많이 달랐다. 열이면 아홉은 반대의견을 낼 정도로 매우 부정적이었다.

선대회장의 '간판' 을 내리다

1970년대 중반, 먹고 살기에 아직도 풍족하다고 할 수 없었던 시대에 이병철 선대회장은 선견지명으로 바위산이었던 용인 일대의 땅을 사들여 국토 개간의 시범사업장을 만들었다. 척박한 땅을 개발하여 밤나무, 사과나무 등의 유실수를 심고 손수 자연농원이라는 이름을 지으셨다.

'자연농원' 은 선대회장의 땀과 애정이 어린 곳이다. '자연농원' 이라는 브랜드는 선대회장이 직접 지은 이름인데다 입구에 친필로 '자연농원' 이라고 쓴 바위가 세워져 있었다. 게다가 용인에는 선대회장의 묘소가 있어 가족을 비롯해 회사 관계자들이 많이 드나드는 곳이다. 선대회장의 소중한 유산이라고도 할 수 있는 '자연농원' 이라는 브랜드를 일개 월급쟁이 사장이 뜯어고치겠다고 나섰다는 것이 당시로서는 상상하기 힘든 큰 모험이었다. 그래서 반대도 많았다.

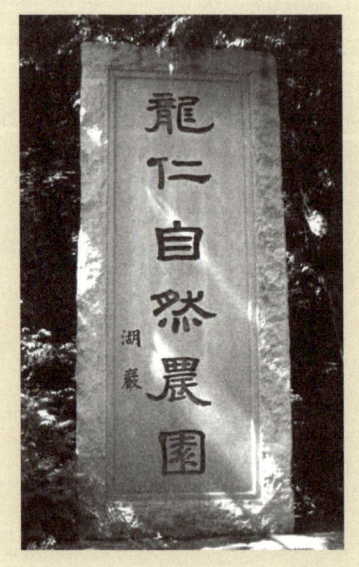

이병철 선대회장님의 친필 비석

　하지만 시대가 변하고 고객이 변하는데 자연농원만 1970년대의 콘셉트를 그대로 유지하면서 세계와 경쟁할 수는 없는 노릇이었다.

　혁신을 위해 반드시 필요한 일을 해 보지도 않고 지레짐작으로 안될 것이라 염려하고 주저했다면 지금의 에버랜드는 존재할 수 없었을 것이다. 저 세상에 계신 선대회장도 자연농원의 바뀐 이름에 대해서 충분히 만족하고 계실 것이라고 믿고 있다.

최고의 결과만을
생각하면
두려울 게 없다

역발상으로 성공시킨 캐리비안 베이

요즘 어지간한 리조트치고 워터파크를 보유하지 않은 곳이 없을 정도다. 이렇게 전국에 워터파크 열풍을 몰고 온 주인공이자 한국 워터파크의 원조가 캐리비안 베이라는 것에 대해 이의를 제기할 사람은 아마 없을 것이다. 캐리비안 베이는 우리나라에서 처음으로 물놀이를 주제로 한 테마파크로 등장했다.

하지만 단순한 물놀이 시설이라는 것보다 더 중요한 것이 있다. 리조트 사업을 연중 지속적으로 운영할 수 있는 사계절 비즈니스로 격상시켰다는 점이다. 워터파크가 리조트 내의 주요 시설로 들어서면서 우리나라 리조트 사업이 대규모 휴양산업으로 발전하는 데 큰 역할을 한 것이다.

과거 겨울 한철 장사에 머물렀던 강원도의 수많은 스키장들이 사계절 영업이 가능한 종합 리조트로 발전한 것도 바로 캐리비안 베이를 필두로 한 워터파크의 등장이라고 할 수 있다.

예전에는 물놀이 시설이라고 하면 강이나 바다를 먼저 떠올리는 것이 일반적이었다. 하지만 용인은 내륙인데다 산이 많아 예로부터 물이 귀한 지역이었다. 살아서 진천, 죽어서 용인生居鎭川 死後龍仁이라는 옛말이 있을 정도로 용인은 우리나라에서 가장 무덤이 많은 지역이다. 묏자리로 각광을 받는다는 이야기는 곧 물이 적은 지역이라는 해석도 가능하다.

용인 산골짜기에 물을 끌어들여 대규모 워터파크를 만들겠다는 발상에 대해 많은 사람들이 무모한 도전이라고 생각했다.

"사막에다 오아시스라도 만들겠다는 이야기 아니야?"

처음에는 황당한 반응을 보인 사람들도 많았다. 막대한 투자비도 문제였다. 자연농원 시절 가장 많은 비용이 들어간 프로젝트가 40억 원 정도 규모였다. 하지만 캐리비안 베이는 계획 초기단계부터 기본 콘셉트를 달리하여 출발한 대규모 프로젝트로 이전과는 그 규모나 투자금액 면에서 비교가 불가능한 수준이었다.

프로젝트를 진행하면서 규모를 키우고 워터파크의 품질을 높이기 위해 파도풀과 유수풀 등에 들어가는 기술을 고급화하고 다양한 워터슬라이드와 서핑 라이드 등이 가미됨에 따라 전체 프로젝트 비용이 1천억 원이나 들어갔다.

파도풀만 해도 처음에는 공기압 방식으로 설계되어 있었으나 설계

변경을 통해 공기압과 유압방식을 결합시킨 서프 콤보surf combo 시스템을 도입함으로써 파도의 최고 높이가 수면에서 2.4미터에 달하는 세계적인 규모의 실외 파도풀을 만들 수 있었다. 그 덕분에 캐리비안 베이는 당시 세계 최고의 워터파크라고 불렸던 미국의 '타이푼 라군'을 넘어서는 진짜 세계 최고의 워터파크라는 평가를 받았다.

하지만 공사 규모가 커지고 비용이 크게 늘어나는 바람에 그룹 내에서도 워터파크에 과도한 투자를 하고 있다는 부정적인 시선이 하나둘씩 생겨나기 시작했다.

"허태학 사장이 워터파크에 지나치게 돈을 많이 쏟아붓는 것 아닙니까?"

"회장님께서 뭐라고 하실지 걱정되는데요?"

"잘못하다간 워터파크 문도 열기 전에 프로젝트에 대한 책임을 지고 허 사장이 자리에서 물러날지도 모르겠어요."

좋지 않은 풍문이 돌고 있었지만 내 뜻은 분명했다. 비용은 둘째고 사람들에게 감동을 주는 것이 첫째라고 생각했다. 비용을 절감해서 사람들에게 감동을 줄 수 없는 시설을 만든다면 들어간 돈만 아까울 뿐이다.

만약 그때 비용을 생각해서 원래 설계대로 공기압 방식의 파도풀을 고수했더라면 캐리비안 베이는 평범한 물놀이 시설에 그쳤을지도 모른다. 그리고 오늘의 캐리비안 베이와 같은 명성을 갖기는 불가능했을 것이라고 생각한다.

마음 졸였던 캐리비안 베이의 개장

1996년 7월 12일 세계워터파크협회 알 튜너^{Al Tuner} 사무총장 등 많은 귀빈들이 참석한 가운데 캐리비안 베이의 성대한 개장식이 열렸다.

그리고 개장식이 열린 지 얼마 지나지 않은 어느 날 일본 출장에서 돌아온 이건희 회장님이 캐리비안 베이를 직접 방문했다. 이때 이 회장님의 반응에 대해 많은 사람들이 궁금해했다.

이 회장님은 캐리비안 베이를 둘러보고 나서 이렇게 말씀하셨다.

"내보고 하라고 했으면 더 크게 했겠다."

그 말 한 마디로 캐리비안 베이에 대한 논란은 수그러들었다.

캐리비안 베이 개장식이 열린 때가 마침 장마철이라 고객들의 반응을 제대로 파악하기 어려워 노심초사하기도 했으나, 며칠 후 장마가 걷히고 맑은 여름 날씨가 되살아나면서 이용객들이 구름처럼 몰려오기 시작했다. 캐리비안 베이는 우리나라 테마파크 사상 처음으로 손님의 입장을 제한해야 할 정도로 대성공을 거두었다.

최선, 최고의 결과를 가져올 수 있느냐

이로써 3개월 전인 1996년 4월 17일 용인 자연농원 개장 20주년을 맞아 '에버랜드'라는 이름으로 새롭게 선보인 데 이어, 7월

하늘에서 내려다본 캐리비안 베이 전경

세계적인 워터파크 캐리비안 베이를 성공적으로 오픈함으로써 에버랜드는 명실상부한 종합 테마파크로서의 위상을 갖출 수 있게 되었다.

많은 사람들이 그 엄청난 프로젝트를 어떻게 성공시킬 수 있었느냐고 물어본다. 내 대답은 간단하다. 최고의 결과만을 생각하라는 것이다. 새로운 프로젝트를 추진하다 보면 생각해야 할 일, 고민해야 할 일, 고려해야 할 일이 무척 많다. 그럴 때마다 중요한 의사결정 과정이 필요하다. 그 결정에 영향을 미치는 요인은 과연 무엇일까? 그것은 최선, 최고의 결과를 가져올 수 있느냐는 것이다. 그것만 생각하면 된다.

안으로는 사내에서 가장 뛰어난 능력을 가진 인재를 선발하고 밖으로는 세계 최고 수준의 협력업체를 선정, 최고의 팀을 구성할 수 있었던 것도 바로 최고의 결과를 낼 수 있느냐는 간단한 물음에 대한 대답이 될 것이다.

선대회장이 직접 지은 '자연농원'이라는 간판을 내릴 수 있었던 것도, 주변 사람들의 우려 속에서 막대한 비용을 들여 캐리비안 베이를 완공할 수 있었던 것도, 그렇게 하는 방법만이 최선의 결과를 가져올 수 있다는 확고한 믿음이 뒷받침되었기 때문에 가능했다. 앞에서도 언급했던 '선공후사'의 정신을 가지고 있었기에 주저함 없이 생각대로 밀고 나갈 수 있었다.

주변 상황을 고려하고, 이 사람 저 사람의 이야기를 듣고, 좋은 게 좋다는 식으로 적당히 타협하는 선에서 의사결정을 할 수도 있을 것이다. 그렇게 된다면 당장 눈앞에서 다른 사람들에게 욕을 먹지 않거나 큰 문제를 일으키지 않을 수 있을지도 모른다. 하지만 장기적으로 보면 조직에 오히려 더 큰 손해를 끼치는 모두에게 가장 나쁜 결정이 될 수도 있다.

세계시장을 겨냥한 과감한 콘셉트 변경을 통해 에버랜드는 국내 최고의 테마파크로 발전한 것은 물론 일본 도쿄, 미국 로스앤젤레스, 프랑스 파리의 디즈니랜드와 어깨를 나란히 하는 세계 5대 테마파크로 성장할 수 있었다. 최고가 되겠다는 열정이 있다면 결코 두려울 것이 없다.

사람을
이끄는 힘
'솔선수범'

접시 나르는 대표이사

1993년 말 중앙개발 대표이사로 취임한 직후의 일이다. 간부들과 경영전략회의를 마치고 에버랜드(당시 자연농원) 식당에서 임직원들과 단합회 겸 송년회를 가졌다. 맛있는 식사와 흥겨운 여흥을 곁들인 자리였다.

그런데 식사를 마치고 모임이 파하는 분위기가 되자, 간부들은 하나 둘 자리에서 일어나며 서로 인사를 나누기 시작했다.

"자, 모두들 수고하셨습니다."

그러자 부하직원들은 슬슬 테이블 위를 치우면서 식당을 정리했다. 이미 늦은 시간이라 간부들이 자리를 뜨고 난 다음 부하직원들이 남아서 뒷정리를 하려면 꽤 많은 시간이 걸릴 것 같았다.

나는 조용히 일어나 윗옷을 벗어 의자에 걸어두고는 접시를 모아 주방으로 옮겼다. 순간 대표이사를 배웅하려고 기다리던 간부들은 하나같이 얼어붙었고, 직원들 또한 당황하며 웅성거렸다.

하지만 나는 주변의 어색한 분위기에 아랑곳하지 않고 내가 먹은 그릇을 정리했다. 결국 자리를 뜨려고 했던 임원들도 팔을 걷어붙였고 각자 자기가 먹은 접시들을 나르기 시작했다. 그 덕분에 송년회 뒷정리는 생각보다 빨리 끝났다.

그날 송년회를 통해 직원들에게 몸으로 직접 전달하고 싶었던 메시지는 바로 '솔선수범'이었다. 사장이 직접 그릇을 치우면 아랫사람들은 자연스럽게 따라서 할 수밖에 없다. 모든 직원이 함께 뒷정리를 하는데 말은 한 마디도 필요 없었다.

기업을 경영하거나 작은 부서나 조직을 이끌 때도 마찬가지다. 스스로는 전혀 하지 않으면서 아무리 목청을 높여 아랫사람에게 지시한들 제대로 통할 수가 없다. 가장 좋은 것은 스스로 보여 주는 것이다. 솔선수범보다 더 뛰어난 웅변은 없다.

간부들의 상징, 흰 장갑과 집게

솔선수범에 대한 나의 의지는 에버랜드 간부 임명식에서도 볼 수 있었다. 에버랜드에서 간부로 임명되면 전 직원 앞에서 두 가지 선물을 받게 된다.

높은 자리에 올랐다고 멋진 만년필이나 번쩍번쩍하는 명함집 같은 것을 선물한다고 생각하면 오산이다. 간부가 되면서 처음 받는 선물은 흰 장갑과 집게다.

이 두 가지 소품은 '솔선수범'과 '헌신'이라는 상징적 의미를 가지고 있다. 간부가 된다는 것은 지시하거나 명령하는 자리에 올라가는 것이 아니다. 일반 직원들보다 더 헌신하고 그들에게 솔선수범하는 역할을 하는 것이다.

모든 간부들은 에버랜드 현장에 나갈 때 반드시 흰 장갑을 끼고 집게를 들어야 하며, 곳곳을 누비며 직접 상황을 점검하고 청소도 해야 한다. 이것은 대표이사인 나에게도 똑같이 적용되는 룰이었다.

현장에서 직원들에게 백 마디 말을 할 필요가 없다. 간부들이 직접 휴지를 줍고 주변을 청소하는 모습을 보면 직원들은 자연스럽게 따라 하게 된다. 현장을 중요시 여긴다고 해서 하는 일 없이 뒷짐 지고 돌아보는 것은 아무런 도움이 되지 않는다. 오히려 직원들의 업무에 방해가 되고 업무 집중도만 떨어뜨릴 뿐이다.

임원들이 구석구석 돌아다니며 쓰레기를 치움으로써 일차적으로는 에버랜드가 청결해지고, 더 나아가 행동하는 간부들에 자극을 받아 부하직원들 또한 자연스레 정리정돈에 앞장서게 되는 효과를 볼 수 있었다. 결국 임직원 모두의 힘으로 고객들에게 깨끗한 에버랜드를 선보일 수 있었던 것이다.

기다리지 말고 스스로 물꼬를 터라

　　　　　어떤 일이든 변화가 필요할 때 그 물꼬를 트는 것이 가장 어렵다. 사람들은 자신이 앞장서기보다 남들이 먼저 움직이고 변하기를 기다리는 경향이 있다. 하지만 기업에서 상사의 위치에 있는 사람이라면 변화란 위에서부터 시작해야 아래까지 움직이게 된다는 점을 잊어서는 안 된다.

　자신은 구태의연한 태도를 취하면서도 부하직원들이 명령대로 신속하게 바뀌지 않는다고 불평하는 리더들이 많다. 자신은 변하지 않으면서 아래에 있는 구성원이 변하기를 바라는 것은 어불성설語不成說이다. 진정한 변화는 위와 아래가 모두 동참하는 가운데 완성되기 때문이다.

　이러한 솔선수범의 자세는 비단 기업 경영에서만 통용되는 것은 아니다. 멀리 갈 것도 없이 자신의 가정을 한번 돌아보라. 부모는 늘 텔레비전 앞에 앉아서 시간을 보내고 일 년에 책 한 권 읽을까 말까 하면서 자식들에게는 텔레비전 보지 말고 공부하라고 말만 앞서는 것은 아닌지 생각해 볼 필요가 있다. 아이들에게 책을 읽으라고 말하는 것보다 더 빠른 것은 스스로 책 읽는 모습을 보여 주는 것이다.

　물론 가끔은 솔선수범하는 일이 귀찮게 여겨질 수도 있다. 또 굳이 내가 앞장서서 움직이지 않아도 아랫사람들을 시키면 된다고 생각하기 쉽다. 그러나 리더가 자신을 예외로 두게 되면 초반에는 열심히 따라 하던 부하직원들도 시간이 흐를수록 자신도 예외에 속하길 바라게 되고, 결국 남들이 보는 곳에서만 움직이고 상사를 눈속임하는 일에 치중하게 된다.

리더가 스스로 나서서 솔선수범할 경우 부하직원의 입장에서는 윗사람의 눈에서 벗어나길 바라지 않으므로 함께 움직일 수밖에 없다. 물론 초기에야 귀찮은 마음 반, 저러다 말겠지 하는 마음 반으로 일하는 사람이 많을 것이다.

그러나 상사가 진심으로 솔선수범하고 있다는 것을 알면 직원들도 끊임없이 긴장하게 되고, 결국 누구의 강요 없이도 일에 동참하게 된다. 진심은 결국 통하기 때문이다.

지금 당신 스스로가 누군가에게 귀감이 되고 있는지 한 번 생각해 보자. 자신은 가만히 앉아서 남들을 바꿀 수 있다고 생각한다면, 리더의 길은 일찌감치 포기하는 것이 좋다. 당신이 하고 싶지 않은 일은 남들도 하기 싫은 법이다. 아무도 열심히 움직이지 않는데 회사가 잘 굴러가길 바라는 것은 죽은 나무에서 꽃이 피길 바라는 것과 같다.

리더는 솔선수범하는 자리

흔히 임원을 '기업의 꽃'이니 '직장인의 별'이라고 표현한다. 조직생활을 하는 사람들 입장에서는 평생 도달하고 싶은 꿈이자 목표인 셈이다. CEO라고 하면 두말할 나위가 없다.

임원이나 CEO가 되면 모든 것을 다 가졌고 또 가질 수 있다고 생각한다. 그러나 그것은 큰 오산이다. 리더의 기본조건은 바로 '희생'이다. CEO가 되는 순간 모든 것을 다 버릴 각오를 해야 한다. 나는 임원 자리에 오른 이후로는 해외 출장 앞뒤로 며칠 붙여서 추가 견학 여정을 보낸 것 외에는 따로 휴가를 가 본 적이 없다. 그만큼 철저하게 조직을 위해 개인을 희생해야 하는 자리다.

리더는 누구에게 시키거나 명령하는 자리가 아니라 스스로 솔선수범해서 모범을 보이는 자리다. 높은 곳에 올랐다고 만족하는 자리가 아니라, 조직원들보다 더 피나는 노력을 하겠다는 각오를 다지는 자리다.

그렇지 않은 사람은 조직 내에 오래 머물 수 없다. 만일 그런 사람이 CEO가 된다고 해도 잠시 머물렀다 사라질 것이다. 겉모습만 리더일 뿐 진정한 의미의 리더라고 할 수 없을 것이다.

내가 삼성에서 16년간 CEO를 할 수 있었던 것도 바로 내 자신을 희생해 가면서 솔선수범해 왔기 때문이라고 믿고 있다.

혁신 없이는
살아남을 수
없다

들뜬 마음으로 새로운 길을 나서다

2003년 1월, 에버랜드에서 보낸 10년간의 CEO 생활을 마무리하고 삼성석유화학으로 자리를 옮겼다. 중간에 잠시 삼성에버랜드와 호텔신라 CEO를 겸임하기도 했지만, 이번의 인사발령은 과거와는 차원이 달랐다.

삼성석유화학은 대표적인 장치산업으로 서비스업인 호텔신라와 삼성에버랜드와는 기업의 성격부터 큰 차이가 있다. 그 때문에 처음 삼성석유화학 사장으로 인사발령이 났다는 소식에 많은 사람들이 걱정스러운 반응을 보이기도 했다.

평생 서비스업에서만 일해 온 사람이 제조업체, 그것도 석유화학이라는 장치산업을 맡아서 제대로 회사를 이끌어 나갈 수 있겠느냐는 우려 섞인 목소리가 나오기도 했다. 심지어 '좌천'이 아니냐는 수군거림도 있었다. 그렇지만 나는 차분하고 안정된 마음이었고, 오히려 작은 설렘을 가지고 있었다. 새로운 기회와 경험에 대한 기대감 때문이었다.

나는 평소 B2C나 B2B 등 업종과 관계없이 혁신을 하지 않는 기업은 살아남을 수 없다고 누누이 강조해 왔다. 대외적으로 강연을 할 기회가 있을 때마다 다른 업종의 경영자들에게도 그러한 주장을 펼쳐왔다. 하지만 사실 내 스스로도 그것을 증명할 기회가 없었다.

그런 면에서 새로운 인사발령은 그동안 내가 많은 사람들에게 강조해 왔던 경영철학을 기업 현장에서 직접 적용해 볼 수 있는 절호의 기회가 되는 셈이었다.

허태학식 '이노베이션 컨버전스'의 탄생

장치산업은 산업 특성상 보수적인 경향이 강해서 변화보다는 안정을 추구하는 편이다. 그러다 보니 조직 구성원들 자체도 새로운 변화보다는 현재 상태를 그대로 유지하는 데 익숙했다.

처음에는 제조업에 문외한인 CEO가 와서 한동안 직원들만 고생하게 생겼다며 염려하는 사람도 있었다. 하지만 나는 굳은 마음과 당찬 의지로 어차피 혁신을 위해서는 한번 겪어야 할 산통이라고 생각했다.

분위기를 쇄신하기 위해서는 강력한 혁신 활동을 통해 조직 구성원들의 의식을 깨우는 것이 시급한 것으로 보였다. 호텔신라와 에버랜드를 거치면서 디자인경영, 고객만족경영, 지식경영, 6시그마에 이르기까지 여러 혁신 활동을 시도하고 또 그것을 성공시킨 경험이 있었고, 자신도 있었다.

에버랜드 시절만 해도 혁신 방법론들을 순차적으로 도입했다. 처음에 고객만족경영을 4년여 추진한 후 지식경영 2년, 그리고 6시그마를 단계적으로 실시해 왔다. 하지만 삼성석유화학에서는 이러한 혁신 방법론들을 한꺼번에 실행해야겠다고 생각했다.

그동안 여러 기업을 경영하면서 현장에 직접 도입하여 성과를 본 혁신의 '에센스'를 뽑아 종합적인 혁신 방법론을 적용하기로 마음먹었다. 고객만족경영과 6시그마, 지식경영의 3가지 혁신 방법을 통합하는 '이노베이션 컨버전스'를 통해 엄청난 시너지 효과를 낼 수 있다는 판단 때문이었다.

고객만족경영을 혁신의 근간으로 삼고 6시그마와 지식경영을 결합시킨 통합 혁신이 바로 그것이었다. 이 3대 혁신 방법론은 내가 현장에서 적용하면서 가장 효과적이라고 생각했던 것이다.

이것을 동시다발적으로 한꺼번에 적용하기로 했다. 이른바 허태학식 '이노베이션 컨버전스Innovation Convergence'의 탄생이다.

이노베이션 컨버전스,
혁신을
융복합하라

오늘은 내 일생 중에서 가장 중요한 날이며
다른 모든 날을 결정해 주는 날이다.
－몽테뉴

혁신의
3대
필수 영양소

혁신을 융복합하라

　　　우리 몸이 제대로 돌아가기 위해서는 영양소가 고루 필요하듯 혁신 활동도 골고루 해야 한다는 것이 나의 지론이다. 특히 고객만족경영, 6시그마, 지식경영은 그간의 경험에 비추어 봤을 때 절대 빼놓을 수 없는 혁신의 '필수 영양소'라고 할 수 있다.

　사람으로 비유하자면 고객만족경영은 마음, 6시그마는 손과 발, 지식경영은 머리에 해당된다. 각각의 혁신 방법론을 따로따로 도입해 본 경험은 있지만, 삼성석유화학에서처럼 세 가지를 동시에 추진한 것은 내 개인적인 경험으로 볼 때도 새로운 도전이었다.

　"한 가지 혁신도 제대로 성공하기 어렵습니다. 그런데 세 가지 혁신을 동시에 추진한다면 직원들이 따라가기 힘들 겁니다."

세 가지 혁신을 한꺼번에 추진하는 것에 대해 회사 안팎에서 반대 의견이나 걱정, 회의가 많았던 것도 사실이다.

하지만 세 가지를 병행한다고 해서 세 배의 힘이 드는 것은 아니다. 오히려 혁신 기법의 상호 연관성으로 시너지 효과가 나타나 힘은 덜 들고 효과는 더욱 커지게 된다. 나에게는 오랜 기간에 걸쳐 쌓아 온 혁신 경험이 있었다. 내가 혁신 기법들을 잘 모르면서 덤비는 것이라면 무모한 도전이겠지만, 잘 알고 있는데 굳이 미룰 필요가 없다는 확신이 있었다.

더구나 삼성석유화학의 기업문화나 조직구조를 살펴보니 세 가지 혁신 활동을 동시에 추진하기 좋은 여건이었다. 우선 직원 수가 3백여 명 수준으로 많지 않고 대부분 전문 영역에서 고정적인 업무를 해오고 있었다. 또한 계절적 요인이나 상황에 따른 변수가 작은 조직이었으며, 현장에서 이미 TPM^{Total Productive Maintenance} 등 다양한 개선 활동을 해 온 경험이 있다는 점도 큰 장점이었다.

조직과 인력을 통합하라

단순히 세 가지 혁신을 동시에 추진했다고 해서 그것을 '이노베이션 컨버전스'라고 한 것은 아니다. 이노베이션 컨버전스의 가장 큰 특징은 혁신의 융복합, 즉 혁신을 추진하는 조직과 인력의 통합을 들 수 있다.

삼성석유화학에서는 6시그마, 지식경영, 고객만족경영을 각각 담당하는 별도의 사무국을 두지 않고 '3대 혁신 통합 사무국' 이라는 하나의 조직에서 세 가지 혁신을 담당하고 이끌어 나가도록 했다. 아무리 좋은 혁신 활동이라 해도 별도의 추진팀에서 각각 진행하면 시너지 효과를 기대하기가 어렵다. 개별 조직은 성공적으로 운영되더라도 조직별 경쟁을 근본적으로 없애기는 힘들기 때문이다.

실제로 3대 혁신은 서로 공유할 수 있는 부분들이 많았고, 그것이 시너지 효과를 내면서 조직 전체에 상승효과를 가져왔다. 흔히 어떤 조직에서 혁신을 한다고 하면 관련 담당자들을 위한 혁신이 되는 경우가 많다. 하지만 세 가지 혁신을 동시에 추진하다 보니 조직 구성원 모두 빠짐없이 혁신 활동에 참여할 수 있게 되었고 또 서로 간의 연계 효과도 뛰어났다.

6시그마 개선 활동 과정에 포함되어 있는 VOC Voice of Customer 활동은 그 자체가 고객만족경영의 핵심인 고객의 소리에 귀 기울이는 것과 맥을 같이 하며, 성공적으로 수행된 6시그마 과제들은 지식경영 시스템을 통해서 차근차근 조직의 자산으로 축적할 수 있었다. 그리고 그렇게 축적된 조직의 자산들이 다시 6시그마 활동의 과제가 되고 고객만족경영의 효과로 나타나는 선순환이 이루어지고 있다.

사실 한 가지 혁신 기법만으로는 기업 내 혁신을 완벽하게 이끌어 가기 어렵다. 이른바 약점이 존재하기 때문이다. 6시그마는 계량 계측이 가능한 문제해결 방법론이지만, 지식경영의 뒷받침이 없을 경우 애써 도출한 방법론 자체가 일회성에 그치고 회사의 자산으로 남지 못하게 될 위험이 있다. 지식경영의 경우 시스템 구축 수준에만 머무르지 않도록 하기 위해서 6시그마의 추진 로드맵, 벨트 체계 등의 장점을 적극 차용해 조직문화에 흡수시켜 지식경영의 생활화를 이루어낼 수 있었다.

결국 이 세 가지 혁신 기법은 상호보완을 통해 3대 혁신 사이클을 이루며 하나의 수레바퀴처럼 굴러갈 수 있게 되었다. 고객만족경영은 혁신의 출발점, 6시그마는 혁신의 엔진, 지식경영은 한계 돌파를 위한 가속기 역할을 하게 됨으로써 이노베이션 컨버전스의 효과를 발휘한 혁신적인 회사로 부상할 수 있었다.

삼성석유화학의 차별화된 '변화와 혁신 모델'

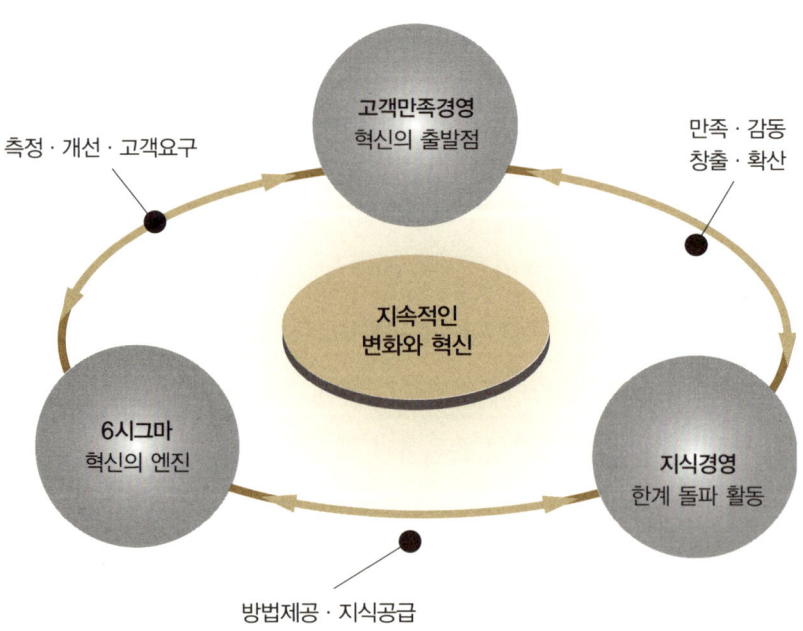

측정 · 개선 · 고객요구

만족 · 감동 창출 · 확산

고객만족경영
혁신의 출발점

지속적인
변화와 혁신

6시그마
혁신의 엔진

지식경영
한계 돌파 활동

방법제공 · 지식공급

3대 혁신을 한꺼번에

삼성석유화학은 2004년부터 한국능률협회에서 주관하는 고객만족경영 대상 단골 수상 기업이다. 2008년까지 5년 연속 수상으로 고객만족경영 명예의 전당에 '입성'했다.

석유화학회사가 고객만족경영 대상을 수상한 것은 삼성석유화학이 처음이자, 지금까지도 유일하다. 굳이 석유화학 업종까지 들먹일 필요도 없다. 서비스업이 아닌 제조기업에서 고객만족경영 대상을 수상한 사례를 찾아봐도 삼성석유화학이 거의 유일하다고 할 수 있다.

고객만족경영이라고 하면 일반 소비자들과 많이 접촉하는 백화점이나 호텔 등을 떠올리게 마련이다. 실제로도 그렇다. 이 상을 받은 업체들을 보면 대부분 유통업체나 금융기관, 이동통신사 등이다. 공통점은 수많은 고객들과 일선에서 직접 부딪히는 업종들이라는 점이다.

제조업에서 고객만족경영에 성공한 사례는 전 세계적으로 봐도 그 유례를 찾기 힘들다. 삼성석유화학에서 고객이란 고정적으로 원료를 받아가는 몇몇 거래처에 불과하다. 손가락으로 셀 수 있을 정도의 고객만이 존재한다. 수천 명의 불특정 다수 고객을 상대하는 이동통신회사나 백화점, 호텔과는 차원이 다르다.

게다가 안정적인 수급구조를 가지고 있기 때문에 굳이 고객을 관리하거나 고객들의 만족도를 높이기 위해 노력할 필요조차 느끼지 못했던 것이 사실이었다. 제조기업의 고객만족경영을 성공적으로 도입한 것에 대해 많은 전문가들이 관심을 가지고 있는 것도 바로 그 때문이었다.

"공정 대부분이 자동화되어 있는 특성상 6시그마 같은 혁신 방법론은 성과를 내기 어려울 겁니다."

많은 전문가들이 석유화학산업 부문에서 6시그마를 도입하는 것에 대해 부정적인 시각을 가지기도 했다. 하지만 이러한 고정관념도 보기 좋게 깨버렸다. 삼성석유화학의 6시그마 성공 사례는 국내뿐만 아니라 해외에서도 많이 소개될 정도로 인정을 받았다.

2005년 아시안 6시그마 서밋 싱가포르에서 국내 업체 중 처음으로 혁신 사례 발표를 했고, 이어서 미국과 중국 등에서 열린 주요 컨퍼런스에서도 6시그마 도입 성공 사례가 소개되기도 했다.

여기에 21세기의 모든 기업들의 필수적인 경영 혁신 요소로 손꼽히고 있는 '지식경영'까지 도입, 성공적으로 정착시켰다. 대부분의 기업은 하나의 혁신도 제대로 성공하기 쉽지 않다. 하지만 삼성석유화학은 3개의 혁신을 한꺼번에 도입하여 진행하면서 모두 성공을 거두었다.

3대 혁신을 통합시켜 '이노베이션 컨버전스'를 구축하고 있는 삼성석유화학의 경영혁신 사례는 많은 경영 전문가들 사이에서 연구 대상이 되었다.

잘나갈 때
혁신하라

안 될 때 혁신하면 이미 늦다

"우리 회사는 꾸준히 흑자를 내고 있습니다. 새로운 혁신을 하는 것보다는 지금까지 해 온 것을 잘 유지하는 것이 더 중요하지 않겠습니까?"

삼성석유화학에 처음 부임했을 때만 해도 많은 직원들이 혁신에 대해서 부정적인 생각을 가지고 있다는 것을 알았다. 회사가 처한 상황을 보면 그럴 만하다는 생각도 들었다.

삼성석유화학은 처음 호텔신라를 맡을 때나 에버랜드를 맡을 때와는 모든 면에서 달랐다. 오랜 역사를 가지고 있는 회사였고 이미 안정적인 기반을 잡고 있었기 때문이다. 꾸준히 흑자를 기록하고 있는데다 시장 선도 업체였으므로 새로운 도전보다는 지금까지 해 온 일들을 유지하고 지켜 나가는 데 역점을 두고 있었다.

그리고 앞선 두 회사와 달리 조직원 대부분이 혁신에 대한 뚜렷한 목표나 필요성을 느끼지 못하고 있는 것이 어떻게 보면 당연한 일처럼 보였다.

하지만 직원들이 미처 생각하지 못한 것이 있었다. 혁신은 결코 뭔가가 잘 안 될 때 하는 것이 아니라는 점이다. 혁신은 잘 될 때 하는 것이다. 그래야 힘도 덜 들고 돈도 덜 들며, 작은 투자로 큰 성과를 볼 수 있는 시너지 효과도 얻을 수 있다.

뭔가 잘 안 될 때 혁신하고자 한다면 이미 늦다. 많은 비용이 드는 것은 물론이고 엄청나게 힘이 들고 조직 내에 큰 충격이 오게 된다. 그래서 혁신은 잘나갈 때 하는 것이다.

타잔이 밀림에서 살아남는 이유

혁신은 시기를 놓치면 기대한 만큼의 성과 창출을 기대할 수 없다. 조직원들의 고통은 훨씬 커지지만 기대한 만큼의 성과 창출을 이끌어 낼 수 없다. 5년, 10년 후의 비즈니스 트렌드를 예측해서 위기가 오기 전에 시작하는 혁신이 가장 이상적인 가치주도형, 가치창조형 혁신이다.

이미 재무 상황이 악화되어 있거나 시장점유율이 하락하고 있는 것을 알아차리고 나서 시장 압박에 떠밀려 시작하는 혁신은 혁신이 아니라 일회성 위기대처일 뿐이다.

혁신은 더 나은 상황을 이끌어 내기 위한 방법이지, 위기를 막기 위한 수단이 아니다. 벽에 부딪치고 나서야 비로소 대책을 강구하고 방법을 모색하는 것은 때늦은 결정에 지나지 않는다. 이미 기회손실이 많아져 기대효과가 크게 떨어질 수밖에 없다.

타잔이 밀림에서 살아남는 것은 줄 하나를 잘 타기 때문이 아니다. 한 줄이 아닌 여러 줄을 번갈아 타기 때문이다. 경쟁이 치열한 상황이라면 타잔처럼 놓아야 할 줄과 잡아야 할 줄을 빠르게 구분할 수 있어야 한다.

시장 환경의 변화에 따라 놓아야 하는 줄이 있는데 놓지 못하고 있거나 새롭게 잡아야 하는데 잡지 못하는 줄이 있다면 기업이 유지, 성장, 성공할 수 있는 경쟁력을 만들어 낼 수 없을 것이다.

새로운 줄을 잡지 않고 한 줄에만 계속 매달려 있다면 결코 앞으로 나아갈 수 없다. 한 번 잡은 줄에 계속 매달려 있다 보면 가속도가 줄면서 멈추게 되고, 멈춘 줄에 매달려 있다가는 결국 밀림으로 떨어지게 된다.

자전거도 페달 밟기를 멈추면 넘어지고, 팽이도 때리지 않으면 쓰러진다. 기업도 마찬가지다. 과거에 얼마나 대단했고 화려했는지 떠들어봐야 아무런 소용이 없다. 고객은 기업의 지나간 과거의 화려한 영광을 기억해 주지 않는다. '현재' 그들이 느끼는 브랜드의 지명도와 제품의 가치만을 따질 뿐이다.

혁신을 하지 않는 기업은 어떤 기업이든 실패의 쓴맛을 볼 수밖에 없다. 지구상에 살아남은 자는 강한 자가 아니라 환경에 잘 적응하고 변화한 자들이다. 그렇기 때문에 변화에 끌려가기보다 혁신을 선도하는 리더십이 절실한 때다.

혁신은 멈추지 않는 것

혁신을 할 때 중요하게 생각해야 하는 것 가운데 하나는 바로 중단 없는 혁신이다. 혁신은 결코 멈추어서는 안 된다. 일시적인 성과에 만족해 멈추는 순간, 혁신은 시들어 버린다. 고인 물이 썩는 것과 마찬가지다.

혁신은 살아 있는 생물과도 같다. 끊임없이 관심을 갖고 추진하지 않으면 금방 위기에 빠질 수도 있다. 시장 여건은 수시로 바뀌고 있고, 고객의 마음은 흔들리는 갈대와 같아서 어디에 머물다 언제 떠나 버릴지 예측하기 힘들다.

부단히 개선하고 혁신하는 습관을 조직문화에 정착시키면 시장의 변화나 고객의 변화에 빠르게 대처할 수 있고, 그럼으로써 새로운 기회의 선점이나 성과 창출을 보다 쉽게 할 수 있다.

혁신의 결과는 하루아침에 판가름 나지 않는다. CEO가 혁신을 언급했다고 해서 순간 일류로 도약하는 일도 없을 뿐 아니라, 혁신을 시도하지 않는다고 즉시 2류 기업으로 전락하지도 않는다.

바로 이것이 혁신의 무서운 점이다. 혁신은 순간의 노력으로 이룰 수 없기 때문에 사람들은 혁신의 효과를 불신하거나 혁신 자체를 포기해 버리기 쉽다.

혁신을 멀리 한 결과는 어렵지 않게 볼 수 있다. 업계 간판회사로 추앙받고 모든 사람에게 부러움의 대상이었던 기업이 어느 순간 주가가 바닥을 모르고 하락하여 다른 기업에게 인수·합병되는 경우를 우리는 주위에서 얼마든지 볼 수 있다.

그런 이야기를 들으면 사람들은 어떻게 그 큰 기업이 순식간에 무너질 수 있을까 하는 의문을 갖고 놀라워하기도 한다. 하지만 그런 일들은 결코 한순간에 갑자기 생긴 것이 아니다. 밑바탕에는 그 기업이 오랜 기간 쌓아 온 '자만'이 자리하고 있기 때문이다.

혁신의 적을
물리쳐라

혁신 기업도 실패하는 딜레마

변화와 혁신은 말처럼 쉬운 일이 아니다. 눈물겨운 내외면의 싸움을 벌이지 않고서는 해낼 수 없다. 인원감축, 조직개편, 원가절감, 명예퇴직, 구조조정…. 그저 듣기만 해도 우울함이 느껴지는 이러한 단어들은 혁신이 뼈를 깎는 고통을 동반하고 있다는 사실을 새삼 실감하게 해 준다. 하지만 이것을 해내지 않으면 영속적으로 성장하고 발전하는 기업을 만들 수 없다.

실제로 혁신을 추진해 나가다 보면 수많은 유혹에 빠지게 된다. 새로운 혁신 활동을 도입하기보다는 오랫동안 해 온 하나의 혁신 활동에만 집중하자거나, 어느 정도 성과가 나왔으니 이제 충분하다며 새로운 혁신 활동을 주저하는 경우들이다.

전투에서의 승리가 곧 전쟁의 승리로 이어지지는 않듯이, 순간의 성취에 자만하다가 궁극의 성과를 얻지 못하게 되는 일이 벌어질 수 있다. 이 얼마나 안타까운 일인가. 한번 성공한 혁신 기법이라고 해서 계속해서 성과를 거두라는 법은 없다.

기업이 변해 가고 고객이 변해 가듯이 혁신 기법도 끝없이 환경과 상황에 맞춰 변화해 간다. 한 가지 혁신 기법으로 성공했다고 해서 그 방법만이 유일한 '진리'는 아니다.

혁신에 성공한 기업들이 몰락하는 '혁신 기업의 딜레마'를 우리는 얼마든지 목격할 수 있다. 혁신에 지나치게 매료되어 안주하다 보면 오히려 이것이 혁신에 부담이 되고 짐이 된다는 것을 알아야 한다.

혁신은 그 자체가 중요한 것이지, 혁신을 위한 방법론에 함몰되어서는 안 된다.

치밀한 준비로 대응하라

"준비는 치밀하게 하되 실천은 과감해야 한다."

이것은 내가 혁신 활동에 대해 가지고 있는 하나의 신념이자 신조다. 혁신을 추진하는 데 여러 가지 어려움이 있었지만, 그것을 극복하고 일련의 혁신을 성공적으로 이끌 수 있었던 것은 바로 치밀한 준비와 과감한 실천에서 비롯되었다고 할 수 있다.

많은 기업들이 시행착오를 줄일 수 있다는 점을 내세워 혁신 활동에 대해 소극적으로 대응하거나 주저하기도 한다. 우선 조직 내의 일부분을 대상으로 혁신 활동을 시험해 본 다음 이를 점진적으로 확대해 나가는 방법을 선택하는 경우를 종종 볼 수 있다. 하지만 이것은 그 기업의 CEO가 혁신에 대한 확신이 없다는 것을 보여 주는 방증에 지나지 않는다.

혁신이란 배수의 진을 치고 전 직원이 조직의 사활을 걸고 도전해도 결코 성공하기 어려운 과제이며, 기업으로서는 반드시 이루어 내야 하는 최우선 과제다. 이런 중요한 과제를 놓고 치열하게 시도하기는커녕 미적지근하게 부분적으로 접근한다면 그 성과가 손에 잡힐 리 없다.

물론 혁신을 실행하기에 앞서 되도록 많은 기업들을 살펴보고 그들의 성공 사례를 철저히 분석하여 세심하게 검토해야만 한다. 그리고 실행이 필요하다는 판단이 선 이후에는 반드시 성공할 수 있도록 전사적全社的인 움직임을 이끌어 내야 한다. 이것이 바로 CEO가 수행해야 하는 일이다.

리더는 기업 경영에 있어서 앞을 내다보고 혁신에 필요한 이슈를 창안하고 제시해 새로운 변화를 이끌어 내는 이슈 리더십을 발휘해야 한다. 여기서 중요한 점은 직원들이 공감할 수 있는 정확한 목표와 방법을 제시해야 한다는 것이다. 그저 성과를 창출해야 한다는 말만 되풀이하는 것은 적절한 이슈 제기라 할 수 없다.

예를 들어 육상선수를 키우는 코치라면 특정 대회를 목표로 제시하고, 경쟁자와 비교해서 부족한 부분을 보충하고 강점을 키우는 방식의 훈련을 고안하고 도입해야 한다. 그저 잘 하라고 말하거나 운동장을 많이 돌라고만 하는 코치는 선수에게 있으나마나 한 존재다.

적절한 이슈를 제기하는 것과 더불어 지속적으로 혁신 과정을 점검할 의지가 있는지도 중요하다. 일시적으로 이슈를 강조했다가 몇 달 뒤에는 자신이 무엇을 지시했는지조차 잊어버리는 작심삼일형 CEO라면 이슈를 제기하지 않느니만 못하다.

이 경우는 직원들에게 며칠만 복지부동伏地不動하면 된다는 교훈만 주기 때문에 혁신의 효과는커녕 조직 내의 문화에 악영향을 미치는 결과를 초래할 것이다.

최고의 인재를
앞세워라

인재에 대해서는 타협이 필요없다

삼성석유화학에서 6시그마를 통한 혁신을 추진하던 초창기의 일이다. 원래 계획대로라면 2차 웨이브에 5명의 블랙벨트 인력이 참여할 예정이었다.

하지만 나는 5명으로는 성이 차지 않았다. 혁신을 빠른 시간 내에 조직에 전파하고 싶은 마음이 간절했다. 혁신팀에 블랙벨트 인력을 5명에서 15명으로 세 배 늘릴 것을 주문했다. 그리고 추가 인력을 선발해서 보고하라고 지시했다.

하지만 혁신팀장이 뽑은 사람들의 서류를 꼼꼼히 검토해 보고 난 후 나는 뭔가 잘못 돌아가고 있다는 느낌이 들었다.

"간부들 인사카드를 다 가지고 오세요."

혁신팀장이 선발해서 보고한 사람들은 그야말로 회사 내에서 가장 무난한 사람들이었다. 물론 무능력한 사람들은 아니었지만 아주 뛰어난 사람들도 아니었다.

현장에서 우수한 인력들을 쉽게 내줄 리 없었다. 그러다 보니 어느 정도 손이 좀 비어 있고 몇 개월 잠시 시간을 내도 문제가 없는 사람들 위주로 선발한 것이었다. 현업과 적당히 타협한 결과였다.

혁신은 가장 우수한 인력이 앞장서야 성공할 수 있다고 확신하고 있는 나는 간부들의 인사카드를 보면서 블랙벨트 요원 한 사람 한 사람을 직접 선발했다. 업무평가와 인사고과 등을 참고해서 회사에서 가장 뛰어난 인력이라고 생각되는 사람을 직접 고른 것이다.

벨트 체계

6시그마에서는 전문인력을 능력에 따라 세분화하고 있는데, 그것을 벨트 체계라 한다. 마치 태권도나 가라데의 '띠'처럼 색깔별로 구분하고 있다.

●● 마스터 블랙벨트(Master Black Belt, MBB) : 6시그마의 최고 인력. 프로젝트 발굴을 지원하고, BB 프로젝트를 지도하며 방법론을 개발하고 교육하는 역할을 한다.

●● 블랙벨트(Black Belt, BB) : 실제로 프로젝트를 이끌어 나가는 수행 전임자. GB나 팀원들에게 6시그마 방법론을 교육하거나 지도한다.

●● 그린벨트(Green Belt, GB) : 현장에서 6시그마 활동을 주도하며 소규모 프로젝트의 리더로 참여하기도 한다.

혁신은 '부대활동'이 아니라 '전면전'

전쟁터에서 잔뼈가 굵은 장수는 가장 용맹한 부대를 선봉에 내세운다. 선봉에 선 부대의 성과가 곧 전체 부대의 승패와 관련된다는 것을 잘 알고 있기 때문이다. 급박한 전투에서 오합지졸을 앞세우는 장수는 아마 없을 것이다.

혁신 활동도 반드시 싸워서 승리해야 하는 전쟁과 같다. 전쟁에서 최선을 다하지 않는다는 것은 곧 죽음을 의미하듯 혁신도 기업의 생존을 좌우한다. 하지만 혁신 활동을 기업의 생존을 좌우하는 전쟁이 아니라, 해도 그만 안 해도 그만인 '부대활동' 정도로 여기는 사람들이 많은 것도 사실이다.

혁신은 대충 시간 때우기 식으로 적당히 해서는 결코 성공할 수 없다. 어중간하고 무난한 능력을 가진 직원들은 기존에 해 오던 자신의 업무에서조차 특별한 성과를 창출하지 못하는 경우가 많다.

그런 직원들에게 기업 경영의 최전선에서 치열한 혁신 과정을 성공적으로 이끌어 나가기를 기대한다는 것은 지나치게 큰 기대감이자 직원들에게는 부담이 될 수도 있다.

처음부터 우수 인력을 전진 배치해서 혁신을 추진해도 어렵고 힘든 일이다. 그런데 이 부서 저 부서에서 나온 잉여인력으로 중요한 혁신을 수행한다는 것은 시작도 하기 전에 이미 실패를 예견하게 만드는 일이다. 가장 우수한 인력이 앞장서도 성공할까 말까 하는 것이 혁신이다. 당연히 회사에서 최고의 인력이 그 일을 맡아야 된다.

'뒷다리' 잡을 여유를 주지 마라

삼성그룹 내에서 통용되는 이론 중에 '뒷다리론' 이라는 것이 있다. 이건희 회장님도 강조하는 내용이다.

"뛸 사람은 뛰고, 앉아 있을 사람은 앉아 있어라. 그런데 뛰는 사람은 앉은 사람을 무시하지 말고, '잘 쉬었다가 너도 잘 뛰어라' 하고 격려해 줘라. 앉아 있는 사람은 뛰는 사람을 질투하지 말고 박수를 쳐주며 '나도 빨리 체력을 회복해서 다시 뛰어야지' 라고 생각하자.

뛸 사람은 뛰어라. 걸을 사람은 걸어라. 뛸 수 있는 능력이 없는 사람, 걸을 수 있는 능력이 없는 사람은 그대로 앉아서 쉬어도 좋다. 다만 뛰려는 사람, 걸으려는 사람 뒷다리만 잡아당기지 말라는 것이다. 그래야 내가 가만히 있어도 뛰는 사람 덕에, 그리고 걷는 사람 덕에 발전해서 먹고 산다고 생각하자."

혁신을 하다 보면 조직의 저항이나 반대에 부딪히게 마련이다. 이른바 뒷다리 잡는 일이 빈번하게 생길 수 있다는 것이다. 그런 저항을 정면으로 돌파하는 가장 좋은 길은 빠른 시간 내에 성과를 내는 것이다. 불만을 이야기하고 열심히 해 보려는 사람들의 뒷다리를 잡을 시간을 아예 주지 않는 것이다.

혁신 초창기에는 전광석화와 속전속결의 정신이 반드시 필요하다. 우수한 인력들이 앞장서야 하는 것도 바로 그런 이유 때문이다. 혁신 초기에 어떤 인력이 참여하느냐는 전체의 성패를 좌우할 만큼 매우 중요한 일이다.

블랙벨트 요원 선발을 원점으로 되돌리고 우수 인력을 직접 고르는 방법을 선택했던 것도, 전체 조직원들에게 혁신의 절박함에 대한 강력한 메시지를 전달하기 위한 것이었다.

조직 내에서 가장 능력이 뛰어난 인력들을 혁신 활동 전면에 나서게 함으로써 얻은 효과는 기대 이상으로 컸다. 그 과정을 지켜본 직원들은 신임 사장이 혁신 활동을 얼마나 중요하게 생각하는지에 대해 자연스럽게 깨달을 수 있게 되었다.

혁신은 기업 미래를 위한 인재 양성 사업

혁신의 전면에 가장 우수한 인력을 전진 배치해야 하는 또 다른 이유가 있다. 바로 그런 사람들이 전체 조직원의 롤 모델이 될 가능성이 크기 때문이다.

어느 조직이나 우수한 사람과 보통 정도의 능력을 가진 사람들이 혼재되어 있다. 뛰어난 인재는 조직 내에서 선망의 대상이 되며, 다른 직원들을 자극하는 롤 모델 역할을 하기도 한다. 만일 실력 없는 사람이 낙하산 인사로 내려왔다면 그를 믿고 따르려는 직원들은 아마 없을 것이다. 능력으로 당당히 인정받는 모습을 보여야 직원들로부터 신뢰를 받고 또 감동을 줄 수 있다.

동료들이 마음으로부터 인정하는 최고의 인재가 앞장서는 혁신이라면 다른 직원들도 저항감 없이 동참하게 된다. 또한 그렇게 함으로써 회사에서 내로라하는 인재들도 피땀 흘려 노력하고 있다는 모습을 보여 줄 수 있고, 그런 모습을 바라보는 직원들에게는 새로운 자극과 함께 혁신 과정을 따라가지 못하면 회사에서 살아남기 힘들겠다는 위기의식을 느끼게 하는 효과도 있다.

마지막으로 핵심 인재가 기업 혁신의 선봉에 나서는 것은 혁신의 성공을 위해서이기도 하지만, 장기적인 측면에서 기업의 미래를 고려했을 때도 중요하다.

혁신에 대한 경험과 역량을 쌓은 최고의 인재들이 많아진다는 것은 결국 앞으로 기업을 이끌어 나갈 수 있는 조직 내 리더의 인력 풀이 두텁게 형성된다는 의미이기 때문이다.

윗물이 잘 흘러야
아랫물도
잘 흐른다

사장보다 바쁜 사람은 가도 좋다

"조만간 혁신 교육을 할 테니 준비해 주세요."

삼성석유화학에 취임한 후 가장 먼저 한 일은 전 임원진과 팀장 등 간부급 사원들을 대상으로 챔피언 교육 시간을 마련한 것이었다.

임직원들도 어느 정도 마음의 준비는 하고 있었다. 신임 사장이 직원들을 대상으로 경영방침을 밝힐 것이라는 것은 얼마든지 예상할 수 있는 일이었기 때문이다. 하지만 교육 일정에 대한 이야기를 듣고는 모두 고개를 갸웃했다.

"교육을 2박3일 간이나 한다고?"

기업에서 임원과 팀장이 한자리에 모이는 것은 자주 있는 일이 아니다. 삼성석유화학의 경우도 공식적으로는 1년에 딱 두 번 모인다.

상반기와 하반기 전략회의를 할 때다.

전략회의는 회사 경영 현안에 대한 전반적인 이야기를 나누는 시간이다. 그래도 반나절 정도면 충분하다. 2박3일 간 전 임원과 팀장들이 한자리에 모인다는 것은 어지간한 비상사태가 아니고는 좀처럼 생각할 수 없는 일이었다. 나중에 들은 이야기로는 회사가 설립된 이후 처음 있는 일이라고 했다.

이쯤 되면 여러 가지 변명이나 핑계들이 나오기 시작한다. 다른 중요한 일이 있다거나 그렇게 오랫동안 자리를 비우면 업무의 공백이 생길 것이라고 우려하는 시각도 튀어 나왔다. 일부 부서나 일반 직원들도 아니고 회사 임원과 팀장 등 간부급 사원들이 한꺼번에 자리를 비우게 되면 회사의 중요한 업무가 제대로 처리되지 못할 것이라는 걱정도 있었다.

일부 간부들은 평소처럼 일단 교육에 참가했다가 상황을 봐서 급한 일을 처리한다고 핑계를 대고 나올 수 있을 것이라고 생각하기도 했다. 하지만 교육이 시작되자 그런 기대는 금방 깨지고 말았다.

"나보다 바쁜 사람은 가도 좋습니다."

나는 교육이 시작되기 전에 한 마디로 쐐기를 박았다. 사장의 이 말 한 마디에 아무도 자리를 뜰 수 없었다. 신임 사장이 주재하는 교육시간에 사장보다 바쁘다고 일어설 '간 큰' 임원이나 팀장은 없었다. 결국 한 사람의 이탈자도 없이 첫 교육이 시작되었다.

내 스스로 솔선수범하면서 교육장을 지켰다. 2박3일 간 한 차례도 자리를 뜨지 않고 모든 교육에 참여한 것이다. 그리고 3일이 흘렀다.

교육을 시작하기 전에 많은 사람들이 '기대(?)' 했던 것과 달리 임원과 팀장들이 모두 책상을 비운 3일 동안 회사에서는 아무 일도 일어나지 않았다.

2박3일 간의 혁신 교육

	1일차	2일차	3일차
오전	지속적인 변화와 혁신 CEO 특강	6시그마 로드맵 통계적 사고와 방법	프로세스맵 관리도
오후	품질 최우선 경영의 이해 6시그마의 기본개념	프로젝트 선정방법 6시그마의 전략적 이해	로버스트 디자인과 트리즈 경영간부의 리더십
분임토의	해외 선진사례 케이스 스터디	챔피언별 프로젝트 선정 및 공유	각오와 다짐

임원들이 앞장서라

삼성석유화학에서는 내가 부임하기 6개월 전인 2002년 하반기부터 이미 6시그마를 도입한 상태였다. 그동안 여러 차례에 걸쳐 임원을 대상으로 한 '챔피언' 교육이 실시되었고, 6개월 동안 워크숍을 비롯해 프로젝트 선정 방법, 6시그마 5단계 실행 방법론인 DMAIC 등 단계별 핵심 내용에 대해 총 18시간의 교육이 진행되었다.

그 결과 도입 초창기임에도 임원들의 6시그마에 대한 이해도가 높은 편이었고, 도입 6개월 만에 임원이 이 정도의 교육을 받은 회사도 드물 것이라는 자부심도 컸다.

하지만 나는 그 이상의 수준을 원했다. 임원들이 단순히 6시그마를 이해하고 직원들의 혁신을 지원하는 것을 넘어서 직접 혁신 활동에 참여하는 주체가 되기를 주문했다. 그리고 머뭇거릴 틈을 주지 않고 임원들을 혁신 활동의 제일선으로 내몰았다.

2박3일 간의 혁신 교육도 단순히 혁신의 필요성이나 이론에 대한 교육이 아니었다. 프로젝트를 직접 발굴하고 수행하기 위한 실질적인 교육에 집중했다.

나는 호텔신라와 에버랜드를 거치면서 여러 가지 혁신 활동을 직접 도입해 온 많은 경험을 가지고 있다. 그 경험을 통해 얻은 교훈이 있다. 바로 혁신 활동은 반드시 CEO가 솔선수범하면서 이끌고 나가야 한다는 것이다.

혁신이란 CEO를 비롯한 임원진들이 앞장서서 끌고 나간다고 해도 성공하기 어렵다. 하물며 담당부서 실무자들에게 모든 것을 맡겨두고 윗사람들은 조용히 뒷짐 지고 물러나 있다면 성공으로 이르는 길은 멀고 험할 뿐이다.

DMAIC 로드맵

6시그마의 목표 달성을 위한 구체적인 문제해결 절차. Define(정의)→ Measure(측정)→Analyze(분석)→Improve(개선)→Control(관리)의 5단계로 구성되어 있다.

혁신의 키워드, 임원 '역할론'

"한 조직의 혁신은 임원의 수준만큼 발전한다."

나는 기업의 성공적인 혁신을 위한 키워드 중 하나로 임원들의 '역할론'을 무엇보다 강조해 왔다. 그 때문에 임원들을 직접 혁신 활동의 최전선에 내몰고 끊임없이 독려했다.

전사적인 움직임을 만들어 내려면 무엇보다 톱 다운Top-Down, 즉 임원 및 간부가 솔선수범해야 한다. 취임 후 가장 먼저 모든 임원과 팀장 등 간부급 사원들을 대상으로 혁신 교육 시간을 마련했던 것도 바로 그런 이유 때문이었다.

이것은 혁신의 '교과서'에도 큼지막하게 나와 있을 정도로 누구나 알고 있는 이론적인 지식이다. 실제로 혁신에 성공한 기업들을 보면 예외 없이 경영진의 역할이 컸음을 알 수 있다.

임원들이 혁신 활동을 주도해 나가려면 직접 경험해 보고 몸소 체험해 봐야 한다. 자신은 아무것도 하지 않으면서 아랫사람에게 지시만 내리는 일은 누구를 데려다 놓아도 할 수 있다. 과연 그 정도 수준의 역할을 하라고 임원이라는 직책을 달아 준 것은 아닐 것이다.

임원들은 나의 이러한 생각을 받아들여 벨트를 따고 혁신 활동의 전면에 나서기 시작했다. 이러한 노력의 결과로 삼성석유화학은 삼성그룹 내에서 뿐만 아니라 다른 기업과 비교해 봐도 혁신 활동에 임원의 참여가 가장 두드러진 조직이 되었다.

삼성그룹 최초의 임원 MBB 배출

혁신에 대한 임원들의 '역할론' 중에서 가장 파격적인 조치는 임원에게 직접 6시그마의 인증 자격인 블랙벨트를 따도록 지시한 것이었다.

대부분의 기업에서 임원이 되면 일반 직원들의 과제를 평가하거나 전체 프로젝트를 점검하는 역할에 머무르는 것이 일반적이다. 임원이 직접 BB교육을 받고 과제 수행자로 나서는 경우는 좀처럼 보기 어렵다. 하지만 삼성석유화학에서는 이렇게 다른 기업에서 좀처럼 보기 어려운 일이 일어났다.

당시 울산공장의 생산 공무 담당 임원은 블랙벨트 요원으로 전격 발탁되어 6시그마 교육을 모두 소화하고 테스트에 합격하여 정식으로 블랙벨트 자격을 따냈다. 그리고 거기서 멈추지 않고 마스터 블랙벨트 과정에 도전, 최초의 임원 MBB가 되었다.

그 과정 속에서 그는 일반 직원들과 똑같이 매일 늦은 시간까지 공부하느라 무수한 밤을 보냈을 것이다. 하지만 그런 노력이 있었기에 본인의 발전은 물론 다른 직원들에게도 귀감이 될 수 있었다.

임원 MBB가 전혀 없는 것은 아니지만 대부분 간부 사원 시절 자격을 딴 후 임원이 된 케이스다. 임원 신분으로 블랙벨트부터 마스터 블랙벨트 과정을 모두 거친 사람은 삼성석유화학은 물론 삼성그룹 내에서도 유일하다.

반대하고
실패한
사람들을 껴안아라

블랙벨트는 눈물의 벨트

조직원 개인과 기업 모두가 혁신을 통해 얻은 성과에 대해 인정하고 있고, 그에 대한 자부심이 높은 것은 사실이지만 변하지 않는 것이 하나 있다. 바로 혁신은 고달프다는 것이다. '혁신革新'이라는 말 그대로 가죽을 벗겨 새롭게 거듭나기 위해서는 고통이 수반될 수밖에 없다.

어느 조직에서나 혁신을 사내에 정착시키는 과정에서 직원들이 받는 가장 큰 스트레스는 '인증'과 '평가'였다. 특히 6시그마의 경우 일정 수준의 테스트를 통과해야지만 벨트 자격이 주어지는 상당히 까다로운 인증과 평가 과정을 가지고 있다.

회사에서 일 잘하고 능력이 출중하다고 소문난 사람들 중에도

6시그마 평가에 대한 준비를 소홀히 하여 테스트에서 여지없이 떨어지는 경우도 많았다. 직급이 높거나 나이가 많아도 예외는 없었다.

팀장의 재량에 따라 테스트를 앞둔 직원은 다소간 배려하도록 했지만, 직장인이 본연의 업무를 마냥 소홀히 할 수도 없는 법이다. 일은 일대로 하면서 6시그마 벨트에 도전하다 보니 어려움을 겪는 직원들도 많았다.

나는 모든 직원에게 6시그마의 첫 단계인 그린벨트를 취득하도록 독려했고, 그린벨트를 취득한 직원들에게는 다시 블랙벨트에 도전하도록 했다. 그 한 단계 한 단계가 수많은 직원들의 땀과 눈물이 배어 있음을 잘 알고 있다.

"BB를 한글로 치면 ㅠㅠ네요."

블랙벨트를 의미하는 BB를 한글 자판으로 치면 공교롭게도 'ㅠㅠ'가 나온다. 'ㅠㅠ'란 잘 알다시피 울음, 슬픔을 의미하는 채팅 단어다. 직원들 사이에서 BB란 눈물이 날 만큼 힘든 과정을 버텨야 하는 어려운 과정이라는 의미로도 통했다.

직원들을 두 번 놀라게 한 CEO의 편지

CEO 입장에서는 모든 직원들이 노력한 만큼 좋은 결과를 얻기를 바라고 잘 되기를 기대한다. 하지만 모든 직원이 단 한 번에 테스트에 통과한다는 것은 희망사항일 뿐이다.

삼성석유화학에서 전사적으로 6시그마를 추진했을 때 실제로 많은 직원들이 테스트에서 떨어졌고 또 좌절하기도 했다. 그런 직원들 중에는 앞으로 6시그마와는 담을 쌓기로 작정했다는 사람들도 있었다. 사내에서는 나름대로 직급도 높고 일도 잘한다는 평가를 받고 있는데 그런 테스트에서 떨어지다 보니 자존심도 상하고 마음의 상처도 받게 된 것이다.

사람들은 자신이 실패한 경험을 애써 무시하려는 경향이 있다. 그럼으로써 그 상처에서 벗어나고 싶은 것이 인간의 본성이다. 그렇기 때문에 잘한 직원들을 격려하는 것 못지않게 잘 못하거나 문제 있는 직원들에게 관심을 갖고 그들을 지속적으로 이끌어 주는 것이 중요하다. 실패한 사람들 또한 소중한 직원들이기 때문이다. 그들을 보듬어 안고 앞으로 나가야 할 의무가 나에게 있었다.

그럴 때 내가 사용한 것은 바로 인간적인 접근이다. 나는 평소에도 이메일 쓰기를 즐기는데, 회사 최고경영자가 직원 한 사람 한 사람을 신경 쓰고 있다는 사실을 알리기에 이메일만큼 좋은 것은 없다고 생각한다.

물론 직접 눈을 맞추고 이야기하는 것에는 못 미치겠지만, 이메일에는 시간과 공간의 제약이 없다는 점에서 훌륭한 휴먼터치 방식이 될 수 있다고 본다. 또한 직접 불러서 이야기하면 오히려 부담을 줄 수도 있기에 이메일을 적극 활용했다.

직원들은 처음에 사장이 보낸 이메일을 받고 두 번 놀랐다고 한다. 메일을 읽기 전에는 사장이 일반 직원들에게까지 직접 이메일을 보냈다는 사실에 놀라지만, 메일을 다 읽고 난 다음에는 그 메일이 모든 직원에게 보낸 단체 메일이 아니라 한 명 한 명에게 모두 다르게 보낸 개인 메일이라는 점 때문에 다시 놀란다는 것이다. 사장이 자신에게 개인적인 메일을 직접 보낼 것이라고는 상상도 하지 못했다는 반응이었다.

다음은 BB시험에서 두 번이나 떨어져 고민하고 있는 한 간부에게 보낸 편지의 일부다.

"낙심하지 않고 더운 날씨에 공부하느라 고생이 많습니다. 다른 사람들은 휴식을 취하고 잠을 자고 있을 때 공휴일에도 출근하고 늦게까지 회사에 남아 열심히 공부하고 있다고 듣고 있습니다. 조금만 더 분발하면 좋은 결과가 나올 것으로 기대해 봅니다."

인증시험은 붙을 때까지 계속 볼 수 있는 것이 아니라 단 세 번의 기회만 주어진다. 이 편지를 받은 간부는 블랙벨트를 딸 수 있는 마지막 기회를 앞두고 있었고, 만약 이번에 떨어진다면 그린벨트 과정부터 다시 밟아야 했다.

이러한 상황에서 그가 느끼고 있을 압박감이 얼마나 컸을지는 미루어 짐작할 수 있는 것이었다. 부하 직원들의 눈빛에서 느껴지는 부담감에서부터 스스로에 대한 실망까지, 그 모든 감정을 다스리며 테스트 준비를 하고 있는 그에게 조금이나마 힘을 주고 싶었다.

다행스럽게도 그 간부는 블랙벨트 테스트에 합격했고, 나는 기쁜 마음으로 다시 축하 메일을 보냈다.

"BB 합격을 축하합니다.

오늘이 있기까지 무더위 속에서도, 가을 바람이 느껴지는 초가을에도, 달빛이 아련히 비춰 주는 밤길을 걸으면서도 오직 소망했던 소식은 오늘 이 순간 간직하게 되는 합격의 소식이었을 것을 생각하니, 오늘의 합격이 더욱 향기롭고 가치 있는 결실로 생각되어집니다.

오늘의 영광은 가족들과 함께 근무하는 동료들의 남모르는 협력이 있었기 때문이라고 생각합니다. 시험 준비 기간 동안 조금이라도 가족들과 동료들에게 빚진 마음이 있다면 합격의 기쁨으로 말끔히 씻어 줄 수 있도록 자상한 마음가짐을 베풀어 주길 기대합니다."

그는 당시 인증시험을 포기하려는 마음이 간절했는데 나의 이메일을 보고 마음을 추스려 공부에 임할 수 있었다는 답신을 보내 왔다. 다시 한 번 가슴이 벅차올랐다.

실패한 사람들이 열성 지지자가 된다

개인적으로 이메일을 보내는 것 외에도 해당 부서 임원이나 팀장을 불러 시험에 떨어진 직원들이 포기하지 않고 다시 도전할 수 있도록 배려하고 격려해 달라는 지시도 잊지 않았다. 결국 한 명의 낙오자도 없이 지금까지 올 수 있었던 것은 바로 실패한 사람을 배려하는 마음 때문이 아니었을까.

이러한 과정 속에서 나는 한두 번 실패를 겪은 사람들이 오히려 나중에 더 적극적인 열성 지지자가 되는 모습을 많이 보았다. 벨트 인증 테스트에서 떨어져 두 번 다시 혁신 과제는 쳐다보지도 않겠다고 다짐하던 직원들이 테스트에 통과하고 난 후에는 오히려 사내 혁신에 앞장서는 모습을 볼 때 참으로 뿌듯한 마음이 들었다.

어떤 일이든지 크게 반발하고 반대하던 이들이 나중에 기시는 가장 적극적인 사람이 되는 경우를 많이 보았다. 그만큼 열정이 있고 회사에 애정이 있기 때문이다.

조직에 애정이 없고 관심이 없는 직원들은 좋든 싫든 반응이 없고 반대조차 하지 않는다. 반대하거나 부정적인 생각을 가진 사람들을 그냥 방치해 두면 '부정 바이러스'가 되어 조직 전체에 나쁜 영향을 끼치게 된다.

하지만 그런 사람들을 잘 다독이고 껴안아서 함께 가면 나중에는 놀랄만한 변화를 보이게 된다. 반대한다고 해서 혹은 실패한다고 해서 그대로 두는 것보다 설득하고 좋은 길로 나갈 수 있도록 이끌어 주는 것이 필요하다.

혁신에 대해서도 마찬가지였다. 처음에 크게 반발했던 사람들이 나중에는 마니아가 되어 적극적인 혁신의 전도사로 거듭나는 모습을 많이 보았다.

혁신에는
단 한 사람의
예외도 없다

명함 가지고 있는 사람은 모두 혁신 대상

삼성석유화학은 내가 CEO로 부임하기 전부터 다양한 혁신을 추진해 왔고 또 잘 해 온 회사였다. 현장 직원들을 대상으로 한 TPM의 성공적인 실행으로 외부 기관에서 상도 많이 받았으며, 직원들도 나름대로 자부심을 가지고 있었다.

하지만 TPM은 전적으로 현장 생산 관련 부서에서 하는 혁신 활동이었다. 당연히 지원 및 관리부서, 연구부서 직원들은 예외였다. 이들에게 현장 혁신 활동은 남의 일이나 마찬가지였다.

그런데 6시그마를 도입하자 그 반대 현상이 일어났다. 현장에서는 오히려 6시그마 혁신이 관리부서에서 하는 일이라며 강 건너 불 보듯 하는 것이었다. 이러한 상황을 타개하기 위해서 혁신은 특정 부서의 전유물이 아니며, 조직 내 어느 한 사람도 예외일 수 없다는 사실을 명확히 할 필요가 있었다.

그 방법으로 나는 삼성석유화학의 명함을 가지고 있는 사람이라면 모두, 공장장을 포함한 임원은 물론 의무실 간호사와 임원 비서실 여직원, 근로자협의회 대표까지 혁신 활동에 참여하도록 했다.

혁신하는 데 부서가 따로 없다

혁신을 추진하는 회사를 가만히 들여다보면, 일부 직원 또는 현업에서 바쁘지 않은 사람들을 모아 놓고 하는 것으로 인식하고 있는 경우를 종종 볼 수 있었다. 그렇기 때문에 혁신팀이나 일부 과제 수행자로 선정된 직원들만 열심히 하고 나머지는 방관자처럼 행동한다.

전통적으로 혁신이란 기업의 생산성을 높이는 것에서 시작되었다. 그러다 보니 혁신 활동도 주로 회사 내 생산 관련 부서를 중심으로 추진되는 것이 일반적이다. 하지만 기업의 모든 활동이 부가가치를 창출하기 위한 가치 사슬의 일부라는 관점에서 생각해 본다면 혁신이 일부 직원의 '전유물'이 아니라는 것은 명백해진다.

혁신에 성공하려면 반드시 전사적인 동참이 필요하다. 지위 고하, 부서를 막론하고 예외란 있을 수 없다. 특히 사장 직속의 인사부서, 관리부서, 기획부서가 혁신에 동참하는 것이 중요하다.

혁신은 결코 한두 사람의 힘으로 이루어지는 것이 아니다. 생산부서나 판매부서에 지시만 하고 막상 힘 있는 부서는 혁신 대열에서 비켜서 있는 회사라면 혁신에 성공할 수 없다고 감히 단언할 수 있다. 누구는 하고 누구는 하지 않는 혁신에 온 힘을 쏟는 사람이 과연 얼마나 될까. 그것만 생각해 봐도 결과는 명쾌해진다.

간호사가 6시그마를 한다고?

혁신 활동에 단 한 사람도 예외가 없다고 못박은 이상 혁신 과정은 어느 누구도 비켜갈 수 없다. 한 명이라도 열외가 생기면 모두 그 대열에 서려고 한다. 조직원들이 혁신을 위한 노력이 아닌, 혁신을 하지 않기 위한 노력을 하게 된다면 혁신의 흐름은 한순간에 물거품이 되고 마는 것이다.

또한 혁신 과정은 몇 주, 몇 달의 노력으로 끝나는 것이 아니다. 경영진이 기세 좋게 내세우던 혁신 프로젝트들이 작심삼일로 흐지부지되는 경우가 얼마나 많은가. 혁신에 예외를 인정하게 되면 직원들은 스스로 나서서 혁신을 조직에 내재화하기 위해 노력하기보다 오히려 조금만 버티면 곧 원상태로 돌아온다는 교훈 아닌 교훈을 얻을 뿐이다.

혁신 활동과는 아무 상관도 없을 것 같은 의무실 간호사에게까지 혁신 과제를 수행하라고 했을 때, 모든 직원들이 고개를 갸웃했다.

"간호사가 무슨 6시그마를 해?"

초기만 해도 그런 사람들에게까지 혁신 과제를 부여해서 과연 얼마나 성과를 볼 수 있겠는가 하는 부정적인 시선이 조직 내에 팽배했던 것도 사실이었다. 또한 혁신 활동을 수행하는 당사자도 반신반의한 상태에서 프로젝트를 진행했다.

그러나 결과는 참으로 놀랄 만한 것이었다. 의무실 간호사가 수행한 6시그마 프로젝트 내용은 '근골격계 질환으로 인한 산재 발생 제로화'였다. 근골격계 질환은 반복된 작업을 하는 제조업 근로자뿐만 아니라 모든 업무를 컴퓨터로 처리하는 관리직 근로자에게서도 쉽게 찾아볼 수 있는 질환으로, 이를 분석하여 효율적으로 예방하기 위한 방법을 찾아낸 것이었다.

사내 설문조사에 따르면 전 직원 절반 이상이 관련 증상을 경험한 적이 있고, 의무실 이용 원인 중 1위를 차지하고 있었다. 프로젝트 추진을 통해 근골격계 질환을 사전에 막기 위한 다양한 개선안이 도출되었으며, 회사 측에서는 업무 전 스트레칭 실시와 사무기기의 올바른 배치 등 개선안을 즉시 실행에 옮겼다.

그 후 사내 직원들의 통증지수가 크게 개선되어 업무 환경 증진에 큰 도움을 주었으며, 한국산업간호협회 울산지회의 간호사 교육을 통해 울산 지역 50여 개 업체와 이를 공유함으로써 외부로까지 혁신의 성과를 확산시킬 수 있었다. 이 사례는 간호사가 무슨 6시그마를 하느냐고 고개를 갸웃거리던 사람들을 놀라게 했을 뿐 아니라, 삼성그룹 내 6시그마 혁신 활동의 베스트 프랙티스Best Practice로 뽑힐 정도로 높은 평가를 받았다.

3대 혁신 성공법칙

1. CEO의 강력한 리더십

나는 사장 취임과 동시에 3대 혁신의 실천을 천명하고 모든 직원들이 따라올 수 있도록 앞장서서 이끌었으며, 이메일 커뮤니케이션 등 세심한 배려를 통해 뒤에서 직원들을 다독이기도 했다. CEO의 강력한 의지가 없었다면 혁신의 바퀴는 여기까지 굴러오지 못했을 것이다.

2. 최우수 인력을 앞세워라

혁신은 조직 내에서 가장 뛰어난 인력과 핵심부서에서 담당해야 한다.
능력과 관계없이 업무 부담이 적은 사람과 아무 부서에서나 진행한다면
3대 혁신은 결코 완성되지 못했을 것이다.

3. 성과에 대해 철저히 보상하라

가죽을 벗겨내는 고통스러운 일을 해 놓고 그 달콤한 열매의 맛을 보여 주지
않는다면 대부분의 직원들은 혁신의 대열에서 이탈했을 것이다.
작고 사소한 것이라도 혁신을 통해 창출된 성과를 구성원들에게 돌려주라.

4. 지속적으로 Plan-Do-See 하라

3대 혁신은 곧 Plan-do-see의 과정이다. 모든 사업영역에서 구체적인 계획을
세우고, 그 계획을 실질적이고 세부적으로 집행하며, 그 결과를 분석, 평가하는
과정을 통해 과거의 결과를 축적하고 더 나은 혁신활동을 진행할 수 있다.

마음의
눈으로 본다,
오감경영

현재는 모든 과거의 필연적인 산물이며
모든 미래의 필연적인 원인이다.
현재에 열중하라.
오직 현재 속에서만 인간은 영원을 알 수 있다.
－괴테

선면각곡간색
線面角曲間色

여섯 글자의 비밀

　　나는 사무실에 앉아 있거나 아니면 현장에 나갈 때마다
사물을 유심히 살펴보는 습관이 있다. 그리고 아주 사소한 것이라도
직원들에게 항상 지적을 해 주는 편이다.

　내가 현장에 나가서 입버릇처럼 자주 하는 이야기 중 하나가 바로
'선면각곡간색'이다. 이 여섯 글자는 내가 공간을 통해 나의 경영철
학을 내보이는 중요한 요인이기도 하다. '선면각곡간색'은 말 그대로
사물의 선과 면, 각도와 곡선, 간격과 색깔을 의미한다.

　일견 쉬워 보이지만 한편으로는 어려운 것이 바로 '선면각곡간색'
을 맞추는 일이다. 일상생활의 모든 것들, 하찮은 것에서부터 중요한
것에 이르는 모든 것을 주변에 있는 사물들과 조화를 이루도록 하는

것이기 때문이다.

사물의 형태가 가지고 있는 곡선 하나, 각도 하나에도 그것 나름의 특성과 아름다움이 있다. 호텔을 돌아볼 때는 항상 로비에 그림이 반듯하게 일정한 간격을 두고 걸려 있는지, 작가의 이름이 똑바로 붙어 있는지 등을 살펴본다. 간격이 일정하고 선이 바르고 곡선이 바를 때 가장 편안하고 아름다워 보인다. 선면각곡간색은 디자인의 기본임과 동시에 서비스의 기본이기도 하다.

또한 '선면각곡간색'은 서비스의 디테일이다. 크게 눈에 띄지 않더라도 이 여섯 가지 요소 중 하나가 조금이라도 흐트러져 있으면 뭔가 정돈이 되지 않은 느낌을 주게 되고 그로 인해 사람들이 불편함을 느끼게 된다.

반대로 '선면각곡간색'이 잘 맞는 공간에 있으면 마음이 편해지고 만족감도 높아진다. 보이지 않는 고객의 아주 사소한 마음속까지 배려하는 고급 서비스의 비밀이 바로 이 여섯 글자에 담겨 있다고 해도 과언이 아니다.

줄자와 망치를 든 직원들

'선면각곡간색'은 호텔에서 서비스를 할 때 주로 기준으로 삼아 온 원칙이지만 반드시 서비스 업종에서만 통하는 것은 아니다. 석유화학공장이라고 해서 달라질 것은 전혀 없다. 삼성석유화학 사장을 맡으면서도 현장에 나갈 때면 늘 '선면각곡간색'을 강조해왔다. 공장과 사무실을 둘러보며 직접 비뚤어진 팻말과 사무집기를 바로 맞추는 등 솔선수범을 보였다.

"사장님이 왜 사무집기나 팻말에 신경을 쓰시는 거지? 뭔가 다른 것이 잘못된 거라도 있는 건가?"

처음에는 직원들이 사장의 행동을 이해하지 못해 의아해하는 모습을 보이기도 했다. 하지만 다행스럽게도 시간이 흐를수록 직원들이 차츰 내 말의 참뜻을 이해하고 스스로 변화하기 시작했다.

현장에 나갈 때마다 줄자와 망치를 든 직원들이 늘어났다. 각 사무실마다 불규칙하게 붙어 있던 게시판을 떼어 내고 통일된 기준을 가지고 일정한 간격으로 부착하고, 제각각 붙어 있던 액자, 달력 등 벽에 걸린 모든 것들을 '선면각곡간색'을 맞춰 바꿔 달기 시작했다.

서산공장의 본관을 증축할 때는 복도와 벽면, 천장, 사원식당, 피트니스센터, 목욕탕 등 모든 것에 '선면각곡간색'을 맞추었다. 사원식당의 의자를 고를 때도 어떤 색이 미각을 돋우며 기분을 좋게 만드는지에 대해서 고민했으며, 심지어 복도 바닥색과 벽색의 관계까지도 신경을 쓰는 모습을 볼 수 있었다.

과거 같으면 상상도 할 수 없는 일이었다. 벽에 액자 하나 달면서도 여기가 좋은지 저기가 좋은지, 너무 높은지 낮은지, 정중앙인지 한쪽으로 치우치지는 않았는지 신경을 쓰면서 액자를 달아 본 경험이 없었기 때문이다.

옷 색깔이 사람들을 바꾸어 놓다

생산직 직원들과 배송기사의 작업복도 바꾸었다. 흔히 작업복이라고 하면 때가 묻어도 표시가 덜 나고 아무렇게나 막 입어도 괜찮은 그런 옷을 떠올린다. 당연히 짙은 푸른색 계통의 전형적인 '공장' 작업복이었다. 이것을 호텔이나 백화점 직원들이 즐겨 입는 밝고 화사한 베이지색 작업복으로 바꾸었다.

그런데 작업복을 바꾸겠다고 하자 직원들이 이구동성으로 반대하고 나섰다.

"작업복은 어두운 색으로 입어야 일하기 편합니다. 밝은색 작업복을 입으면 쉽게 더러워져 세탁도 자주 해야 하고 마음놓고 입지도 못할 겁니다."

작업복이라고 해서 반드시 어둡고 때가 잘 안 타는 색깔이어야만 할까? 나는 그렇지 않다고 생각한다. 옷이 날개라는 말도 있지만 옷은 사람의 행동을 좌우하는 중요한 요인이 된다. 옷을 어떻게 입느냐에 따라 행동이 달라진다. 항상 어둡고 지저분한 옷만 입으면 행동도 그렇고 회사 분위기도 어두워지게 마련이다.

실제로 작업복 색깔을 바꾸고 나서 많은 변화가 뒤따랐다. 직원들의 자세가 부드러워지는 등 행동이 바뀌었고 공장 분위기도 훨씬 밝아졌다. 바뀐 것은 작업복 색깔에 불과했지만 그 색깔이 바꾸어 놓은 변화는 기대 이상이었다.

이러한 노력을 통해 자신들이 생활하고 있는 공간이 하나둘 바뀌어

가는 모습을 목격하면서 직원들 스스로도 무척 놀라는 모습이었다. 쉽게 지나쳐 버렸던 일상의 아주 사소한 부분에서 선과 면과 각, 그리고 곡선과 색깔과 간격을 고민하면서 주변 사물과의 상호 조화를 다시 한 번 생각하게 된 것이다.

'선면각곡간색'의 효과는 일상생활에서도 나타났다. 모든 일을 할 때 예전 같으면 아무렇지도 않게 그냥 흘려보냈을 일들을 다시 한 번 보게 되고, 흐트러진 자신의 일상을 돌이켜보게 된 것이다.

몸에 밴 작은 실천 하나하나가 그들의 삶에 큰 변화로 다가오게 되었다. 아무것도 아니라고 생각했던 그 여섯 글자가 가장 기본적인 습관의 변화를 가져온 것이다. 선을 맞추고 각을 맞추고 간격을 맞추는 일은 결국 기본에 충실해짐을 의미하는 것이다.

세속을 떠나면
고정관념이
사라진다

눈물의 속리산 미팅

총지배인으로서 제주신라호텔 오픈 준비를 하고 있을 때의 일이다. 개관을 며칠 앞두고 마케팅 팀장이 내게 호텔 판매계획을 보고해 왔다.

"우리 호텔은 판매율 62%, 객실단가 6만5천 원 정도를 목표로 하고 있습니다."

마케팅 팀장의 보고에는 나름대로의 근거가 있었다. 당시 제주의 터줏대감이자 최대 경쟁자라고 할 수 있는 하얏트호텔의 판매율이 65%, 객실단가가 6만3천 원 수준이었다.

이제 막 호텔 문을 여는 후발주자로서 당장 하얏트호텔 수준의 영업력을 갖추기는 무리가 있다고 판단한 것이다. 후발주자라는 것을 감안해서 판매율은 3% 부족한 62% 수준, 객실단가는 이제 막 오픈을 한 새 호텔로서 경쟁력이 있다고 보고 2천 원을 높인 6만5천 원으로 잡은 것이 마케팅 팀장의 판단이었다.

나는 마케팅 팀장의 보고를 듣고는 한참동안 아무 말도 하지 않았다. 가슴이 답답해 오는 것을 느꼈다. 이런 식의 생각이라면 승부는 해보나마나라는 생각이 들었다. 선발주자의 뒤만 쫓아가서는 결코 일등이 될 수 없다.

특별한 이야기를 하지 않고 전 직원이 참여하는 1박2일 워그숍을 준비하도록 지시했다. 장소는 속리산으로 정했다. 호텔 개관을 준비하느라 정신이 없었던 직원들은 생각지도 않던 나들이를 기쁜 마음으로 반기는 듯했다.

속리산에 일찍 도착하여 자전거를 타고 이곳저곳을 구경하면서 자유시간을 가졌다. 직원들은 그동안의 고생을 보상받으려는 듯 모두 즐겁게 놀면서 스트레스를 날려 보냈다. 하지만 내가 구상한 워크숍은 아직 시작도 하지 않은 상태였다.

신나게 놀고 나서 즐거운 마음으로 저녁식사를 하게 되었다. 그리고 식사가 거의 끝나갈 즈음, 나는 직원들을 한자리에 불러모아 놓고 이런 제안을 했다.

"지금부터 자신이 맡고 있는 업무와는 전혀 상관없는 개인적인 이야기를 한번 나눠 봅시다."

앞으로 머리를 맞대고 함께 일을 하려면 상대방을 깊이 이해하는 것이 필요할 것이라는 생각 때문이었다. 1인당 15분씩 발표시간을 주고 그 시간 동안 자신의 모든 것을 털어놓는 고백의 시간을 갖기로 한 것이다.

처음에는 조금 주저하는 분위기도 있었지만 한 사람 한 사람 이야기를 거듭해 가면서 분위기가 무척 진지하고 숙연해지기 시작했다. 태어나서 여기까지 온 이야기, 살면서 남에게 하지 못했던 마음속 이야기를 털어놓았다. 그 중에는 실연과 이혼 같은 남들 앞에서 꺼내 놓기 어려운 개인적인 이야기들도 쏟아져 나왔다.

분위기가 무르익어 가자 발표를 하는 사람들의 눈에서 뜨거운 눈물이 흐르기도 했다. 듣고 있는 사람들도 마찬가지였다. 마치 가슴속 깊은 곳에 꽉 막혀 있던 응어리 같은 것이 한꺼번에 터져 나온 듯한 감동 어린 시간이 어어졌다.

그동안 같은 근무공간에서 일을 하고 있었지만 서로 속 깊은 이야기는 한 번도 나눠 본 적이 없는 직원들이 대부분이었다. 그런데 이번에 마음속 이야기를 나누면서 직장에서 직급으로만 알아 오던 동료들이 다르게 보이기 시작했다. 서로를 마음으로 받아들일 수 있게 되었고, 핏줄보다도 더 끈끈한 동료애가 새롭게 생기는 것을 느낄 수 있었다. 무척 가슴 뭉클한 시간이었다. 나는 직원들의 발표가 모두 끝나고 그 감동이 가시기 전에 마이크를 잡았다.

"여러분의 숨김없는 진지한 자기표현에 감사드립니다. 여러분이 지금과 같은 열정과 순박한 정신을 가지고 있다면 앞으로도 더욱 잘 될 것입니다. 오늘은 새벽 3시가 되었으니 잠자리에 들고, 아침에 일어나 다시 이야기를 나누도록 합시다."

"80고지를 점령합시다"

　　　　　이렇게 밤을 보내고 다음날 아침식사를 한 후 어제 그 장소에서 다시 만나 이번 행사의 마무리 일정을 갖게 되었다. 마지막으로 나의 강평 시간이 돌아왔다. 어쩌면 나는 이 시간을 위해 밤을 새면서 아니, 그보다 몇 개월 전부터 직원들에게 해 줄 이야기에 대해서 고민을 해 왔는지도 모른다.

　최고의 시설, 최고의 요리, 최고의 서비스는 거의 준비되어 있었다. 이제는 최고의 마케팅이 필요한 시점이었다. 환경이나 여건을 탓하거나 그것을 이겨내지 못하면 결코 목표를 이룰 수 없다는 것을 잘 알고 있었다. 어느 때보다 전 직원들의 대동단결된 분발과 열정이 필요한 시점이었다. 나는 조심스럽게 입을 열었다.

　"우리 모두 힘을 합쳐 80고지를 점령합시다."

　내가 말한 80고지란 판매율 80%, 객실단가 8만 원을 의미하는 것이었다. 마케팅 팀장이 말했던 판매율 62%, 객실단가 6만5천 원과는 비교가 되지 않는 수치였다. 게다가 당시 제주도의 독보적인 존재였던 하얏트호텔보다도 높은 목표치였다.

　직원들도 순간 당황스러운 표정을 지어 보였다. 하지만 나는 여기서 물러서지 않고 더욱 강력한 어조로 직원들을 독려했다.

　"우리가 마음을 합하고 힘을 합치면 충분히 할 수 있습니다. 우리 함께 해 봅시다. 그렇게 어려운 인생도 이겨내 왔는데 80고지를 점령하지 못하겠습니까? 80고지를 점령하지 못한다면 우리 조직의 존재 이유는 없습니다. 그 목표 달성을 위해 모든 지원을 아끼지 않겠습니다. 한번 해 봅시다.”

세속을 떠나서 얻게 된 새로운 깨달음

속리산의 '속리俗離'는 속세를 떠난다는 의미이다. 속세를 떠나 입산수도에 전념하는 사람이 유난히 많아서 붙여진 이름이라고 한다.

세속적인 기준으로 생각하면 안 되는 일도 많고 할 수 없는 일도 참 많다. 시야도 좁아진다. 사무실 안에서 고민할 때는 바로 옆에 있는 경쟁자만 보일 뿐이다. 사고의 틀도 한계를 가질 수밖에 없다.

하지만 세속을 과감히 떠나서 생각해 보면 시야가 넓어짐을 느낄 수 있다. 자신을 꽉 붙들고 있던 고정관념으로부터도 자유로워질 수 있다. 사람의 잠재력이 무한하게 크다는 것도 새삼 깨닫게 된다. 멀리 떠나면 답답한 회사 사무실에서는 불가능하고 안 될 것처럼 보였던 일들이 확실히 달라 보인다. 내가 전략회의 장소를 속리산으로 잡은 것도 바로 그 때문이다.

GE의 잭 웰치 전 회장은 '워크아웃 타운미팅'이라는 특별한 회의 방법을 도입해서 종종 사용하곤 했다. 워크아웃 타운미팅이란 마을회의를 하듯 자유스럽고 거침없는 분위기에서 토론을 진행하는 형식의 회의로 계층별·분야별·지역별 제한 없이 특정 업무에 관련된 조직 구성원들이 회사를 떠난 일정한 장소에 모여 관련된 문제점을 검토하고 개선 아이디어를 교환하는 회의를 말한다.

이러한 회의를 통해 관리자와 부하직원의 관계에도 근본적인 변화가 일어나, 관리자들이 현장 작업자들의 아이디어에 신속하게 반응하도록 변화되어 현장 작업자들이 조직 변화와 혁신 과정의 주체가 되고 있다고 한다.

뭔가 잘 풀리지 않을 때는 익숙한 공간과 결별을 시도해 보라. 생각이 바뀌고 마음이 열리면 분명히 좋은 결과가 나올 것이다.

속리산 미팅의 기적

80고지란 거의 불가능에 가까운 목표였지만 그 말에 거부감을 표현하는 사람은 아무도 없었다. 모두 할 수 있을 것이라는 자신감으로 충만했다. 마음속에서 부정적인 것이 모두 비워지고 난 자리에 긍정적인 마음이 가득 들어찼기 때문이었는지도 모른다. 머릿속에 있는 낡은 고정관념들도 모두 사라져 버렸다.

속리산 미팅은 정말 놀라운 결과를 가져다 주었다. 속리산에서 돌아온 후 똘똘 뭉친 직원들은 80고지라는 목표를 향해 매진하는 모습을 보였다.

그러한 직원들의 노력 덕분에 제주신라호텔은 문을 열자마자 국내호텔업계의 모든 영업지표를 갈아치우는 놀라운 성과를 거두었다.

국내 최고의 투숙률, 최고의 객실단가를 달성한 것이다. 최고의 시설과 최상의 서비스라는 표현에 대해서도 그 어느 누구도 이의를 제기할 수 없었다.

1990년 판매율 76.7%에 단가 8만5천 원을 달성했으며, 1991년 판매율 84%에 단가 9만4천 원이라는 신화를 이어나갔다. 80고지를 거뜬히 넘어선 것은 물론 각종 호텔 관련 기록들을 갱신한 것이다.

속리산에서 맺었던 인연은 계속되었다. 그 이후 팀장이 바뀌었지만 속리산에서 흉금을 털어놓았던 그 직원들은 오랫동안 호텔에 남아 우의를 다지며 호텔 발전에도 지대한 공헌을 했고, 지금도 그렇게 하고 있다.

글쓰기로
경영하다

할아버지를 위한 문집

　　　　　나는 기업 경영에 대한 새로운 아이디어를 얻기 위해 독서를 하기도 하고, 글을 쓰기도 한다. 아직까지 대내외에 발표하는 글은 모두 직접 쓰는 것을 기본으로 하고 있다.

　연설문의 경우도 마찬가지다. 나의 생각과 신념을 구체적으로 상대방에게 전달함으로써 서로에 대한 솔직하고 구김살 없는 자기 모습을 가식 없이 느끼고 헤아리게 하여 새로운 힘을 주고받자는 취지에서 누구의 손도 빌리지 않는다.

　학문을 소중히 여겨 책을 읽고 글을 쓰는 것을 생활화하고 즐겨하는 것 역시 할아버지께서 내게 물려주신 정신적 유산 중의 하나라고 생각한다. 삼성석유화학 대표이사에서 물러난 지난 2010년, 나는 할아버지께서 생전에 지으신 시문詩文 등을 모아 할아버지의 호號를 딴 〈청간집晴澗集〉이라는 문집을 만들었다. 어려서부터 가장 많은 영향을 주신 할아버지에 대한 종손의 작은 보답이었다.

직원들에게 부치는 편지

기업을 경영하면서 다양한 글을 써왔지만, 그 가운데서 가장 기억에 남는 것은 제주신라호텔 총지배인 시절에 쓴 글들이다.

제주신라호텔 3층에 가면 '천지天池'라는 한식당이 있다. 총지배인 시절 특별한 일이 없으면 항상 이곳에서 아침식사를 하곤 했는데, 오전 7시에서 7시 30분 사이, 식당 문을 열고 분주하게 영업 준비를 시작하고 있을 즈음 그곳에 도착한다. 나는 다른 손님들에게 방해가 되지 않도록 구석자리에 앉아 식사를 했다.

이 시간이 내게는 매우 소중한 순간이었다. 하루 업무를 계획하거나 나름대로 필요한 사색을 하기도 했다. 하지만 '천지' 식구들에게는 매우 긴장된 시간이기도 했다. 단순히 총지배인이 식사를 하기 때문만은 아니었다. 식사를 마치고 수시로 뭔가 적어서 건네주는 메모 때문이었다.

나는 식사가 나오기를 기다리는 동안, 혹은 식사를 마치고 나서 잠시 커피를 한 잔 마시며 서비스 개선을 위해 노력했으면 하는 부분들을 메모해서 자리를 떠날 때 지배인이나 캡틴에게 조용히 전해 주곤

했다. 특히 비가 오거나 바람이 몹시 부는 날은 메모를 건네주는 횟수
가 늘어났다. 물론 그것은 직원들을 야단치기 위한 지적사항이나 훈
계가 아니라 직원들에게 부치는 CEO의 편지였다.

한식당 직원 여러분!

오늘도 봄비가 내리고 있습니다. 서귀포는 지난밤 세찬 바람과 함께 비가 내렸는데, 줌무은 바람이 자는 것 같아 다행입니다. 계절에 따라 기후 변화가 너무 심하게 나타나 여러 가지 센티멘털한 정감을 갖게 합니다.

몇 가지 업무 이야기를 나눌까 합니다.

첫째, 최근 유니폼이 지저분하게 느껴집니다.

유니폼을 항상 깨끗이 세탁하여 다림질해서 입는 습관을 익힙시다. MGR은 반드시 직원의 유니폼 착용, 청결상태를 확인하도록 합시다.

둘째, 조명입니다.

날씨가 밝은 날, 흐린 날, 비오는 날에 따라 아침, 점심, 저녁에 따라 조도를 조정하는 센스가 있었으면 합니다.

셋째, BGM입니다.

음악도 날씨가 밝은 날, 흐린 날, 비오는 날, 아침, 점심, 저녁에 따라 센스 있게 바꾸어 가며 들려주는 섬세한 배려가 필요합니다.

좀 더 폭넓고 교양 있는 업장으로서 우리 한식당을 가꾸어 갑시다.

여러분은 그러한 잠재력이 충분히 있는 분들입니다. 다만 용기 있게 나서지 않고 게으를 뿐입니다. 이 굴레에서 빨리 탈출합시다.

봄비가 내리는 하루, 아침식사가 끝나면 지배인을 중심으로 커피 한잔 나누면서 우리 업장의 음악, 조명, 걸음걸이, 그리고 환경미화 등에 대해 정감 있는 대화를 주고받는 시간이 있었으면 합니다.

여러분 모두의 건투를 빕니다. 중문 해원에 피항해 있는 선박들의 모습이 오늘따라 더욱 인상적입니다. 열심히, 그리고 줄기차게 달립시다.

1991. 3. 22.

지금으로부터 꼭 20년 전에 적은 편지다. 그렇게 오래 전에 쓴 편지 내용을 어떻게 기억하고 있느냐고 물을지도 모르겠다. 사실 나는 20여 년 전에 쓴 편지들을 모두 가지고 있다. 거기에는 사연이 하나 있다. 지금 이 책에 편지를 인용할 수 있는 것도 바로 그 덕분이다.

서비스의 본질에 대해 사색하다

제주신라호텔 총지배인으로서 근무를 마치고 제주도를 떠나올 때의 일이다. 한식당 '천지' 직원들이 선물이라며 포장지에 싼 물건을 내게 건네주었다.

포장을 열어 보니 A4 크기의 바인더가 나타났다. 그 속에는 그동안 내가 써준 글들이 가지런히 정리되어 있었다. 그 메모들을 하나도 버리지 않고 차곡차곡 모아서 컴퓨터에 입력한 다음 깨끗이 출력하여 순서대로 정리한 것이었다. 그리고 메모 내용을 입력해서 바인더에 담아 놓고 직원들끼리 돌려보며 교육용으로 활용해 왔다고 했다. 무척 고마웠다.

개인적으로는 그때 그때 생각나는 내용들을 두서없이 메모한 것이었는데, 직원들은 하나도 허투루 넘기지 않고 마음에 새겨왔던 것이다. 지금도 가끔 그 바인더를 펼쳐 보면 지난날의 추억과 현장 서비스 향상을 위한 노력들을 읽을 수 있어 감회가 새롭다. 그 가운데는 정감 넘치는 글들도 제법 있다.

서비스는 사람과 사람과의 관계에서 이루어진다. 그 관계는 부담 없고 편하고 반듯할수록 향기롭고 오래 지속될 수 있다. 관심과 배려, 칭찬과 격려라는 쌍방향 커뮤니케이션이 잘 지속되고 성숙되어질수록 효과와 반응은 더욱 크게 나타난다.

'천지' 직원들이 내게 준 그 소중한 선물은 지금도 사무실 한켠에 소중하게 보관되어 있다. 내가 그들에게 전해 준 한 마디 한 마디를 모아서 다시 내게 준 선물이기에 그 정성과 서로를 생각하는 마음만큼은 어떤 선물보다도 고귀한 것이라고 생각한다. 가끔 그 글들을 읽어 볼 때면 서비스의 본질에 대해서 다시 한 번 생각해 보게 된다.

글은
말보다 깊고
풍부하다

2년 동안 바다를 건넌 편지

할아버지의 문집 〈청간집〉에는 시와 서간문을 비롯해서 통문과 제문 등 다양한 종류의 글들이 수록되어 있다. 특히 서간문의 내용을 보면 스승과 제자, 친지와 벗들과 나누었던 교분을 생생하게 느낄 수 있어 특별한 느낌이 들기도 한다.

할아버지가 지으신 문집처럼 거창한 것은 아니지만 내 방에도 그동안 주고받은 서간문들을 모아 둔 바인더북이 있다. 제주신라호텔 한식당 '천지' 식구들이 선물해 준 바인더북을 비롯해, 혁신 관리자들과 주고받은 편지, 또 바다 건너 타향에 나가 있는 옛 동료와 주고받은 편지들이 정성스럽게 정리되어 있다. 비록 사무용품점에서 사온 바인더북에 담긴 내용들이지만 그 어떤 것보다 소중하게 여기는 것들이다.

3월입니다.

온 누리에 봄기운이 완연하리라 기대하고 있는데 좀처럼 봄기운은 보이질 않는군요. 그동안도 건강관리 잘하고 계획하는 금년도 일들 잘 추진되고 있는지요?

이 달이 지나면 벌써 한 분기가 지나갑니다. 흐르는 세월은 붙잡을 수가 없다고 합니다. 오직 후회 없을 만큼 알차게 사는 것만이, 더 큰 성과 창출을 만들어 내는 것만이 후회하지 않는 삶의 가치라고 생각해 봅니다.

공장장으로 부임한 지도 한 분기가 되어 갑니다. 환경, 안전, 위생이라는 사회적 공유가치를 훼손하는 일이 발생해서는 안 될 것이라 생각합니다.

공장장이나 사장이 새로운 보직을 맡으면 100일간은 특히 환경, 안전, 위생에 각별히 신경을 써서 사회적 물의를 야기하는 일이 발생하지 않도록 임직원들의 경각심을 불러일으킬 필요가 있습니다. 태만해지면 안전사고가 발생합니다. 안전사고는 조직 기강의 해이라고 할 수 있습니다.

잘 될 때 더 잘 되게 하는 것만이 안 될 때의 대책이라고 우리는 숱하게 이야기해 왔습니다. 경영에서는 사소한 방심도 금물입니다. 판매단가가 높아져 수익 창출이 더 잘 될수록 공장관리에서는 환경, 안전, 위생 분야의 기본을 충실하게 유지할 각오가 있어야 합니다.

(이하 생략)

이 편지는 얼마 전 공장 임직원들에게 보낸 것이다. 지금은 물러나 상담역 역할을 하고 있지만 매달 공장장과 혁신담당자들에게 보내는 편지만큼은 중단하지 않고 있다.

좋은 일이 있을 때나 좋지 않은 일이 있을 때, 그리고 직원들과 소통하는 수단으로 내가 가장 즐겨 쓰는 것이 바로 글이다.

헤어져 살면서 나눈 이야기들

회사 밖에서도 많은 사람들과 자주 글을 주고받는다. 그런 '편지 친구' 중에 과거 에버랜드 부사장까지 지낸 후배가 있다. 그는 은퇴를 한 후 외손녀 교육 때문에 아이 부모를 대신해서 부부가 영국에 가서 생활하고 있다.

늦은 나이에 타국에서 외손녀를 돌보며 생활하는 것이 얼마나 외롭고 또 힘든 일일까 하는 생각에 걱정이 많이 되었다. 그렇다고 해서 내가 도와줄 일도 마땅히 없었다.

그래서 편지를 보내기 시작했다. 이메일을 통해 일주일에 한 번씩 편지를 보낸다. 소소한 일상의 이야기, 건강과 취미, 안부 등 글을 쓰는 데 특별한 제한은 없다.

그러면 내가 보낸 편지를 부부가 함께 읽고 답장을 보내온다. 편지 한 통이 타국에 떨어져 사는 외로움을 잊게 해 주는 데 큰 힘이 되었다고 한다. 그렇게 편지를 보내기 시작한 것이 2년이 넘었다.

1년이 지나서 귀국한 부부는 나를 찾아온 적이 있는데, 손에 두툼한 바인더북이 한 권 들려 있었다. 겉면에는 '헤어져 살면서 나눈 이야기들'이라는 제목이 붙어 있었다. 내용을 보니 그동안 나와 주고받은 메일을 모두 프린트해서 정성스럽게 정리해 놓은 것이었다.

그 편지들이 어려운 타국 생활에 조금이나마 활력이 되었다고 생각하니 마음이 가벼워졌다. 그 친구는 다음해에도 역시 또 한 권의 바인더북을 들고 나를 찾아왔다. 그 바인더북은 지금 내 사무실 책장에 소중하게 보관되어 있다.

1년 동안 주고받은 글들을 차곡차곡 정리하여 한 해가 가는 연말이면 바인더북으로 꾸며 전달하는 것이 연례행사가 되고 있다. 묵직한 바인더북을 만들어 놓고 보면 일주일에 한 번씩 글을 보낼 때 느꼈던 것과는 또 다른 새로운 감회를 느끼게 되고, 뭔가 새로운 인간애적인 감정이 새록새록 돋아나는 기분이 든다.

인터넷을 통해서 주고받은 글들은 제대로 관리하지 않으면 사라지고 마는데, 그것을 차곡차곡 모아 두는 것은 서로의 우정과 형제애를 가꾸고 키우는 것과 같다.

이렇게 정성스럽게 모으고 정리한 글들을 고운 색상의 바인더북에 포장해서 전달한다는 것은 두 사람 사이의 인생 스토리를 헛되지 않게 가꾸고 간직해 가자는 의미이기도 하다.

글은 사색의 산물이다

글쓰기는 나의 기업 경영에서 꼭 필요하고 또 매우 소중한 방편이었다. 스스로의 생각을 정리하기 위해, 혹은 직원들과 소통하기 위해 끊임없이 글을 쓰곤 했다.

조직에서 하위직에 있을 때는 각종 기획서와 보고서 등 다양한 형태의 문서작업을 하게 된다. 하지만 위로 올라갈수록 글을 쓰는 것보다는 말로 지시하거나 명령하는 일이 많아진다.

나는 말보다 글의 힘을 믿는다. 그래서 직원들과의 커뮤니케이션 수단으로 글을 자주 이용했다. 글은 말로 하는 것보다 훨씬 어렵지만, 말이 전해 주지 못하는 여백과 따뜻한 정감을 전해 줄 수 있다.

글은 말보다 훨씬 깊고 풍부하다. 말은 즉흥적이지만 글은 결코 즉흥적이지 않다. 글을 쓰기 위해서는 깊은 사색이 필요하다. 그리고 논리적으로 생각을 정리할 수도 있다. 무엇보다 부지런해야 한다. 뜨거운 가슴과 냉철한 머리, 그리고 부지런한 손발이 있어야 좋은 글을 얻을 수 있다.

글 속에는 그것을 쓰느라 오랫동안 고민하고 생각한 사람의 마음과 고뇌가 고스란히 배어 있다. 그래서 글을 좋아한다.

정보통신 기술이 발달하면서 글도 빠르고 광범위한 소통의 도구가 되었다. 나는 직원들에게 전할 메시지가 있을 때 이메일을 자주 이용했다. 글은 말보다 정확할 때가 많다. 누군가 아랫사람을 통하여 이야기를 전달하게 되면 그 말을 전달하는 사람의 생각이 곁들여지면서 의미가 정확히 전달되지 않는 경우가 있다. 하지만 이메일을 통해서 직접적인 소통을 하다 보니 직원들이 내 뜻을 보다 정확하게 이해할 수 있게 된 점도 좋았다.

무엇보다 글은 말로써 다 표현하기 힘든 정서적인 공감까지 전달할 수 있다는 장점이 있다. 말로는 다 하지 못했던 이야기도 할 수 있고 평소 드러내지 않았던 속마음도 표현할 수 있다.

그리고 한 번 내뱉으면 공기 중에서 사라지고 마는 말과 달리 글은 흔적을 남긴다. 직원들과 주고받았던 글들은 컴퓨터 밖으로 나와 종이에 인쇄됨으로써 기록되고 보존된다. 내가 이미 오래 전에 돌아가신 할아버지의 생각과 생활들을 잘 알 수 있었던 것도 바로 〈청간집〉에 수록된 다양한 시와 서간문들을 통해서였다.

한번 맡겼으면
끝까지
믿어라

실패한 사람부터 챙기는 '배려'의 힘

이병철 선대회장께서는 〈명심보감〉 중 성심편省心篇에 나오는 '의인물용 용인물의疑人勿用 用人勿疑'라는 말씀을 자주 하셨다. '믿지 못하면 아예 쓰지를 말고, 일단 사람을 쓰면 의심하지 말라'는 말이다.

그 정도까지는 아니지만 나의 경우도 어떤 일을 맡기면 그 맡은 사람을 끝까지 믿고 밀어주는 편이다. 또한 성공한 사람들 못지않게 실패한 사람들에게 보다 큰 관심을 쏟는다.

삼성석유화학 시절 6시그마 인증시험을 치르고 나면 합격자보다 떨어진 사람들을 먼저 챙겼다. 시험에 불합격한 사람들이 좌절하지 않도록 세심하게 격려해 주곤 했는데, 직접 불러서 이야기를 하면 오히려 부담을 가질 수도 있기에 조용히 이메일을 보내 위로해 주었다.

또 해당부서 임원이나 팀장들에게 시험에 떨어진 직원들이 포기하지 않고 다시 도전할 수 있도록 배려하고 격려해 달라는 지시를 내리기도 했다. 직원들이 스스로 포기하지 않는 한 직원들에 대해서 먼저 포기하지 않았다.

삼성석유화학이 6시그마에 관해서 삼성그룹 내에서 최고의 평가를 받을 수 있었던 것도, 마지막 한 사람의 낙오자까지 챙기려고 했던 배려의 힘이라고 나는 생각하고 있다.

그런 노력 덕분에 삼성석유화학은 삼성그룹 최초로 임원 출신 6시그마의 최고전문가라고 할 수 있는 MBB^{Master Black Belt}를 배출했으며, 모든 간부사원이 BB^{Black Belt} 자격을 딸 수 있었다. 또 전체 직원 중 6시그마 BB의 비율이 80%를 넘는 기업은 그 사례를 찾기 힘들 정도로 독보적이었다.

30년 지기 운전기사

모든 분야에서 한 번 믿으면 끝까지 믿고 일을 맡기는 편이다. 그렇기 때문에 한번 인연을 맺은 사람들과는 상당히 오랫동안 그 인연을 이어가고 있다.

지금 내 차를 운전하고 있는 김봉렬 씨는 나와 30년 지기다. 1978년 호텔신라 총무과장 시절부터 함께 했으니 벌써 33년째다.

16년 이상 CEO를 맡고 있는 경영자는 다른 회사에서도 나올 수 있을 것이라고 생각한다. 하지만 30년 넘도록 한 운전기사와 동고동락한 경영자는 앞으로도 좀처럼 찾기 어려울 것이라는 생각이 든다.

김봉렬 기사와의 인연이 그렇게 길어지게 된 이유는 과장 시절부터 전용차를 탄 데다 임원 경력이 길었기 때문이라고 할 수 있다. 당시에는 호텔 짓는 일과 관련된 인허가 업무 등 정부를 상대로 한 일이 워낙 많다 보니 호텔신라 총무과장에게도 전용차가 나왔다. 그때 호텔신라에서 시작된 인연은 삼성에버랜드를 거쳐 삼성석유화학으로까지 계속 이어졌다.

내가 삼성석유화학을 끝으로 경영 일선에서 물러나 상담역을 맡고 있는 것처럼 그도 정년퇴임을 한 후 계약직으로 다시 일을 하고 있다. 1978년 포니로 시작해서 포티2, 프린스, 그랜저, 뉴그랜저, 에쿠스 등 10여 종 16대의 승용차가 바뀌었지만 운전기사만큼은 항상 그 자리에 있었다. 운전에 관한 한 김봉렬 기사가 가장 전문가이기 때문에 그에게 전적으로 모든 것을 맡긴다.

경영도 마찬가지다. 나는 회사의 다른 업무에 있어서도 전문가에게 맡기는 것이 가장 좋은 경영이라고 생각하고 있다. 그리고 한번 일을 맡겼으면 끝까지 믿어 주는 것이 가장 좋은 성과를 올릴 수 있는 기반이라고 생각한다.

소통을 통해
경영의 속도를
높여라

창의성을 죽이는 경직된 결재 문화

21세기는 디지털 시대다. 속도전과 방대한 정보량으로 규정되는 디지털 시대의 무한 경쟁 속에서 살아남기 위해 조직은 어떤 경쟁력을 확보해야 할까.

디지털 시대의 특성은 이른바 나이·성별·국가를 초월한 소통이라는 인터넷 문화에서 극명하게 드러나고 있으며, 이 속에서 살아남기 위해서는 무엇보다 구시대적인 조직문화를 타파해야만 한다.

과거의 상명하복 문화, 층층이 높은 상사들을 죄다 거쳐야 하는 경직된 결재 문화는 조직을 굼뜨게 만들고, 디지털 시대를 관통하는 창의성을 발휘할 수 없게 만든다.

개인의 지식과 노하우가 자유롭게 헤엄쳐 다니는 창의적인 분위기를 조성하기 위해서는 '가벼운' 조직이 필요하다. 위는 얇고 가벼우며 밑은 두껍고 튼튼한, 심플하고 신속한 조직만이 의사 결정의 속도를 높여 빠르게 변화하는 상황에 민첩하게 대응할 수 있다. 그런 조직이라야 21세기에 경쟁력을 가질 수 있다.

지금이야 대부분 전자결재 시스템이 보급되어 있지만 15,6년 전만해도 전자결재 시스템을 도입한 회사는 많지 않았다. 에버랜드에 있을 당시 다른 회사보다 앞서 컴퓨터를 통해 지시하고 결재를 받는 전자시스템을 도입했다. 조직을 가볍게 만들어 윗사람을 지나치게 신경쓰지 않아도 되는 문화를 만들어 나가기 위한 조치였다.

일반적인 직장인들은 결재판에 목숨을 건다. 결재를 잘 받는 직원이 유능한 직원이고, 결재를 잘해 주는 상사가 좋은 리더였다. 높이 쌓여 있는 결재서류가 리더의 상징이었고 일을 많이 한다는 표시였다.

이것은 과거는 물론 현재까지도 여전히 진행형이다. 하지만 그런 결재 문화는 신속한 의사 결정과 빠른 정보 흐름이 필요한 현대 경영 환경에는 더 이상 맞지 않는다.

사장에게 눈도장 찍지 마라

직원들이 결재를 받기 위해 내용보다는 문서 모양을 다듬는 데 더 많은 시간을 낭비하고 있는 상황에서 얼마나 참신한 아이디어가 나올까. 더구나 독대獨對를 통해 결재를 받는 시스템은 업무의 효율성을 지원하는 것이 아니라 오히려 다른 조직원의 참여를 방해하고 차단하는 경우도 많았다.

나는 전자결재 시스템을 통해 결재판을 생략하고 1일 결재 시스템을 통하도록 지시했다. 아주 특별한 일이 아니고는 간부나 임원이 굳이 사장실에 눈도장을 찍으러 오는 일이 없도록 했다. 오로지 공식적인 회의석상에서만 임원들과 머리를 맞대고 의논했으며, 그 외에는 현장에서 직접 설명하도록 했다.

하지만 오래된 습관에 젖어 있던 조직은 쉽사리 바뀌지 않았다. 적어도 사장 앞으로는 결재판을 가져오지 않았지만, 여전히 부하직원들은 윗사람 책상 앞에 줄을 섰고, 결재에 하루 이상이 소요되었다.

결재판을 소각하다

결국 고민 끝에 결재판을 소각하는 이른바 '쇼Show'를 단행하기로 했다. 결재판을 모아서 그냥 버릴 수도 있었지만, 수직적 문화와 구시대의 상징인 결재판을 소각함으로써 새로운 기업문화를 만들어 가고자 하는 나의 의중을 확실히 알리기로 한 것이다.

전 사원들을 모아 결재판 소각식을 가진 후 에버랜드에서는 결재판이 더 이상 사용되지 않았고, 전자결재를 통한 1일 결재가 100% 실현되었다. 이것은 에버랜드 조직문화의 새로운 시작이었다.

마음을 열면 다른 사람들을 이해할 수 있고 보다 많은 것을 받아들일 수 있듯이, 열린 조직에서는 서로의 경험과 노하우를 자유롭게 공유할 수 있으며, 커뮤니케이션이 원활해지고 그 속에서 자연스레 창의력이 발휘된다.

21세기에 살아남기 위해서는 창의력이 주도하는 조직문화가 필요하다. 창의적이지 않으면 차별화를 이룰 수 없고, 차별화 없이는 경쟁력을 확보할 수 없다. 특히 에버랜드의 경우 소프트한 서비스 사업이라는 특성에 맞추어 창의력 있는 조직문화, 열린 조직문화 구현이 무엇보다 중요했다. 이를 위해 독서대학, 인터넷 열린교육, 제안 인센티브제도, 사내 논문대회 등 지식과 커뮤니티가 공존하는 마당을 개설해 운영했고, 구성원들의 원활한 커뮤니케이션을 위해 온라인 오프라인 모임을 활성화했다.

또한 1년에 한 번씩 계층별·직급별로 갖는 사장과의 대화 시간과 수시로 열리는 사업부장과의 대화 시간을 통해 에버랜드 구성원들은 직위의 높낮이와 관계없이 누구라도 회사 전반에 대해 정보를 교환하고 심도 있는 의견을 나눌 수 있다.

입사 후 100일과 365일이 경과한 직원들과 승급자들은 식사를 겸한 간담회를 통해 경험과 노하우를 공유하는 시간도 가졌다. 이러한 과정을 통해 에버랜드의 임직원들은 공동체 의식을 형성해 나가며 열린 조직문화를 맘껏 누리게 되었다.

<h1>시간의
흐름을
지배하라</h1>

경영자의 1년은 11달

　　세상만물은 시간이 흐르면 모두 낡고 퇴색한다. 그것은 자연의 섭리이기도 하다. 사람이 나이를 먹으면 늙고 병들어서 죽음에 이르듯이 기업도 시간의 흐름 속에서 도태되거나 쇠퇴하게 된다. 영원한 기업은 없다. 지금 최고의 위치에 있는 기업이라고 해서 5년 후, 10년 후에도 그 자리에 있으리라는 보장이 없다.

　아무리 뛰어난 성과를 올린 기업도 시간의 흐름을 거스를 수 없다. 그것은 기업의 역사가 잘 말해 주고 있다. 기업의 쇠퇴를 막을 수 있는 유일한 길은 앞에서도 말했듯이 바로 '혁신' 이다.

　혁신에 앞서 경영자들은 시간에 대해서 특별한 감각을 가지고 있어야 한다. 시간의 흐름을 정확하게 읽고 또 앞으로 일어날 미래에 대해서도 고민하고 예측할 수 있어야 한다.

매출도 높고 회사도 잘나가는데 번거롭게 왜 혁신 활동을 해야 하느냐고 반문하는 사람들이 있다. 그런 이들은 시간의 흐름을 제대로 이해하지 못하는 사람들이다. 5년 후, 10년 후까지 지금의 좋은 실적이 계속될 수 없다는 것을 알기 때문에 혁신을 해야 하는 것이다.

삼성전자가 사상 최대의 호황이니, 사상 최고의 매출이라는 이야기가 나올 때마다 이건희 회장님은 오히려 10년 후, 20년 후엔 아예 지금 만드는 상품이 모두 없어질 것이라고 '엄포'를 놓는 것을 들었을 것이다. 이 회장님의 시간은 지금 이 순간이 아니라 10년 후, 20년 후에 가 있는 것이다.

시간에 대한 정확한 개념을 갖기 위한 것 중 하나는 시간을 정확하게 지키는 것이다. 나는 회사에 입사한 이후 40여 년 동안 한 번도 지각이나 결석을 하지 않았고, 매일 아침 6시 30분에 일어나 간단하게 아침을 먹고 집을 나서는 규칙적인 생활을 해 왔다. 시간을 정확히 지키고 규칙적인 생활을 하는 것은 경영자가 가져야 할 가장 기본적인 미덕에 속한다.

시간을 잘 지키는 것보다 더 중요한 것은 일반 사람들과는 다른 차원의 자신만의 시간 개념을 가지고 있어야 한다는 점이다. 내 달력에는 1년이 11달밖에 존재하지 않는다. 말하자면 12월이 없는 것이다. 오랫동안 기업을 경영해 오면서 터득한 나만의 시간 관리법이기도 하다. 1년을 12개월로 생각하지 말고 상반기 6개월, 하반기 5개월, 즉 1년을 11개월로 잡고 모든 경영 계획을 수립하고 있다.

마지막 한 달이 다 되기 전에 그 해의 성과를 달성하겠다는 마음가짐을 가진다면 경영적인 측면에서도 훨씬 더 좋은 성과를 기대할 수 있을 것이다. 그렇게 하면 업무는 업무대로 완성도를 높일 수 있을 뿐만 아니라, 한 해를 깊이 성찰하고 신년 계획을 세우는 시간도 가질 수 있다.

시간에 매일 쫓겨서 사는 사람들은 결코 좋은 경영자가 될 수 없다. 시간에 끌려 다녀서는 안 된다. 시간의 흐름을 자신의 의지대로 최대한 활용할 수 있는 능력이 반드시 필요하다.

기업의 달력에서 노는 달을 없애라

경영자의 시간 개념 중에서 중요한 또 한 가지는 기업의 달력에서 노는 날을 없애는 것이다. 휴일이 없어야 한다거나 쉬는 날 없이 1년 365일 회사에 나와서 일을 해야 한다는 말이 아니다. 돈을 벌지 못하고 '공치는 달'이 없어야 한다는 이야기다.

에버랜드를 새롭게 개장하면서 워터파크인 캐리비안 베이를 새롭게 포함시킨 것도 바로 시간의 흐름에 대한 새로운 이해에서 비롯되었다. 과거 자연농원 시절만 해도 봄·가을에는 놀이시설을 통해서, 겨울에는 눈썰매장을 통해 입장객을 모았으나, 여름철에는 날씨가 더운 데다 특별히 고객을 끌어들일 만한 요소가 없어서 방문자 수가 현격하게 떨어지는 문제가 있었다.

한 마디로 에버랜드의 달력에서 7, 8월은 없는 것이나 다름없었다. 그리하여 여름철의 새로운 수익원을 개발해 사계절 시즌화를 모색하는 것이 절실한 과제였다.

그에 대한 해답을 얻기 위해 나는 미국과 일본 등 여러 나라를 직접 돌아보고 세계적인 테마파크를 벤치마킹하면서 캐리비안 베이에 대한 아이디어를 얻을 수 있었다.

그러한 노력을 통해 자연농원 시절 가장 큰 약점으로 부각되었던 여름이라는 계절이 오히려 사계절 테마파크로의 변신을 통해 새로운 경쟁력으로 탈바꿈한 것이다.

오감^{五感}으로
경영하라

여행을 통해 배우다

서비스 업종에 오래 종사한 덕분에 운 좋게도 전 세계의 수많은 일류 호텔과 식당, 골프장, 와이너리 그리고 테마파크를 다녀 볼 기회를 가질 수 있었다.

여행은 책을 통하여 얻을 수 없는 현장에 대한 감동과 깊은 사색과 새로운 시각을 제공해 주기 때문에 꽤 좋아하는 편이다. 일선에서 물러난 지금도 여러 가지 이유로 가끔 여행을 가곤 한다. 또한 여행은 미지의 세계에 대한 남다른 관심이자 환경과 여건을 극복해 나가는 자기수련이자 적응과정이기도 하다.

여행을 좋아한다는 것은 변화를 좋아한다는 뜻과도 통한다. 여행을 통해 적극적 삶의 주체가 되는 자기 자신을 깨닫게 되고, 사물을 관조

함에 있어 긍정적이고 능동적으로 헤아려 보는 관행이 습관화되고 인격화되고 있음을 헤아리게 된다.

나는 젊은 사람들이 기회 있을 때마다 여행을 하고 그 과정을 통해서 견문을 넓히는 일을 게을리 하지 않았으면 한다. 미지의 세계에 대한 무한한 동경, 그리고 이를 통한 창조적 에너지는 성과 창출을 위한 용기가 되고 격려가 될 뿐 아니라, 도전과 응전이라는 삶의 여정을 깊이 생각하게 해 주기 때문이다.

오래 숙성된 와인 같은 감성 서비스

수많은 여행 경험 가운데 특히 전 세계 와이너리 방문에 대한 기억이 오랫동안 남아 있다. 미국의 나파밸리에서부터 프랑스의 보르도, 부르고뉴, 칠레와 호주, 독일과 스페인 등 전 세계 무수한 와인 산지와 와이너리를 둘러보면서 나는 서비스의 본질에 대해 다시 한 번 생각해 보는 기회를 갖기도 했다.

서비스는 서비스를 제공하는 한순간으로 끝나는 것이 아니다. 시간의 흐름에 따라 숙성되는 와인과 같이 고객과 서비스 직원과의 지속적인 관계 향상 속에서 서비스 또한 한층 완성도가 높아진다.

그렇기 때문에 첫 만남에서부터 지속적인 서비스 유지에 이르기까지 일련의 과정을 성공적으로 이끌어 나가려면 서비스 직원은 다양한 요건을 구비해야 한다.

일단 서비스 직원이 고객과의 첫 대면에서 호감을 얻기 위해 필요한 것은 감성이다. 감성적으로 좋은 느낌feeling을 주어야 한다는 것인데, 즉 고객의 오감을 만족시켜야 한다는 의미이기도 하다.

그러기 위해서는 시각눈, 후각코, 미각혀, 청각귀, 촉각피부으로부터 어느 것 하나 거슬리거나 불쾌하게 느껴지는 것이 없도록 자기관리, 환경관리, TOPTime · Occasion · Place 관리에 소홀해서는 안 된다.

깔끔한 머리와 옷차림, 단정한 용모 등의 외형적 차림이 여기에 포함되며, 이것은 서비스의 기본 중의 기본이다. 서비스는 논리 이선에 느낌이고 이해라는 점을 명심해야 한다.

지성으로 소통하라

다음은 지성知性이다. 고객이 감성적으로 만족감을 느끼면 호감이 가는 직원과 대화를 나누고 싶은 마음이 생기게 된다. 대화는 고객과 직원의 관계를 원만하게 만드는 중요한 요소로서, 대화 과정을 통해 상호 이해도와 호감을 높일 수 있다.

고객이 묻는 질문에 막힘없이 답변할 수 있도록 지적인 폭을 넓히고, 알고 있는 정보 또한 최신의 것을 유지해야 한다. 음식, 와인, 칵테일, 치즈 등 고객에게 제공되는 상품에 대한 정보는 물론이요, 회사의 역사, 경영진의 구성에서부터 최근 사회 이슈가 되고 있는 문화 · 스포츠 분야의 보편적 내용에 이르기까지 대화의 소재가 될 수 있는 내용을 미리 파악해 두는 것이 좋다.

다만 자칫하면 감정을 상하게 하기 쉬운 정치, 경제, 사회, 종교와 관련된 이야기는 가급적 언급하지 않는 것이 좋고, 설혹 고객이 먼저 이야기를 꺼냈다 하더라도 자연스럽게 다른 주제로 전환하는 순발력이 있어야 한다. 더 나아가 여기에 언급한 것 이상의 지적 수준을 갖춘다면 금상첨화라 할 수 있다.

전인격적 서비스의 원동력, 열성

마지막으로 강조할 것은 열성熱誠이다. 아무리 고객이 감성적이나 지성적으로 만족했다 하더라도 서비스 직원의 열성을 느끼지 못하면 순식간에 마음이 냉각될 수 있다.

사람의 마음은 의도하지 않더라도 알게 모르게 전달되게 마련이다. 자신을 대하는 직원이 겉으로만 친절하고 말만 앞선다는 느낌을 받게 되면, 교언영색巧言令色의 서비스로 격하되면서 초반에 가졌던 호감에 대한 반작용으로 심한 배신감을 느낄 수 있다.

열성이란 무엇인가. 진심으로 최선을 다하는 적극성·능동성·진취성·창조성이 바로 그것이다. 전인격적 서비스라는 말은 바로 열성의 단계까지 이르렀을 때 나오게 된다.

감성과 지성을 만족시키는 한두 단계에서 자기도취에 빠져 마지막 단계를 넘어서지 못하는 경우를 서비스 현장에서 수도 없이 목격했으며, 그때마다 진실로 안타까운 마음을 금할 수 없었다.

열성의 관문을 통과해야만 고객의 신뢰와 격려를 받을 수 있는 진정한 서비스 전문가가 되고, 고객과 끈끈한 관계를 맺을 수 있다. 이렇게 형성된 단골고객은 따로 부탁하지 않아도 스스로 다른 손님을 불러오는 서비스 선순환의 중요한 일원으로 거듭나게 된다.

이렇게 사람을 대함에 있어 열성을 가지는 것은 단순히 서비스 직원에게만 국한되지 않는다. 가족과 친구 그리고 직장동료 등 주변 사람들과 관계를 맺을 때도 반드시 필요한 덕목이다. 특히 CEO를 꿈꾸고 있는 사람이라면, 자신 안에 다른 사람을 감복시킬 수 있는 열성을 가지고 언제나 뜨거운 마음으로 모든 상황에 임해야 한다.

디테일에 강한 기업이 성공한다

서비스 직원이 감성과 지성, 열성을 갖추어야 한다면, 서비스 기업은 업장에 작은 기물 하나를 들이더라도 고객의 입장에서 생각해야 한다. 제아무리 비싼 물건을 놓는다고 하더라도 고객에게 불편함을 준다면 무용지물에 지나지 않는 것이다.

얼마 전 가평에 위치한 골프장을 다녀온 적이 있다. 보통 골프장 하면 먼저 떠오르는 것이 풍광과 코스의 전개나 난이도이며, 다음은 경기 보조원들의 코스 숙지도와 골프 이해도다. 그리고 클럽하우스의 음식과 서비스의 질 등에 따라 골프장의 이미지가 결정된다.

그런데 가평의 그 골프장에서 나를 가장 감동시킨 것은 골프장의 풍광도 코스도 아닌 바로 작은 옷장 하나였다.

대부분의 골프장에 설치된 옷장은 내부가 3단 수평으로 나뉘어져 있어 제일 위에는 가벼운 용품을 놓고, 가운데에는 옷과 가방을 두고, 하단에는 신발을 넣도록 되어 있다. 그런데 가운데 칸에 옷을 걸 때 윗옷은 구겨질 염려가 없지만, 바지는 반을 접어 걸어도 아랫부분이 바닥에 끌려서 구김이 가곤 했다.

하지만 이 골프장에는 가운데 칸의 한쪽 부분을 15센티미터 정도 더 높여서 옷걸이를 설치해 바지를 걸어도 바닥에 끌리지 않도록 했고, 상의용 옷걸이뿐만 아니라 바지걸이도 따로 준비해 둔 것이 눈길을 끌었다. 하나를 보면 열을 안다는 말처럼, 옷장 하나에도 고객을 위한 서비스 마인드가 남다른 것을 보니 다른 서비스 수준도 상당히 높을 것이라는 생각이 들었다. 이렇듯 옷장과 같이 사소해 보이는 물건 하나에서도 그 기업의 서비스 마인드를 엿볼 수 있다.

서비스는 크고 화려한 것이기보다는 작고 섬세한 것으로 사람의 마음을 느끼고 헤아리는 것에서부터 시작된다. 하지만 고객의, 고객에 의한, 고객을 위한 기업이 되겠다고 목소리를 높이는 많은 기업들이 실제로는 서비스 수혜자보다는 제공자 위주의 관행에 젖어 있는 경우가 많은 것 또한 사실이다. 서비스라는 알곡은 저절로 수확되지 않는다는 점을 기억하고, 마치 농작물을 키우듯 씨를 뿌리고 물을 주고 비료를 주며 공을 들이는 마음으로 고객을 대한다면 자연스레 고객만족경영의 성과를 누릴 수 있을 것이다.

고객만족을 넘어 고객가치경영까지

분명한 목표를 가져라.
이 목표가 구체적이고도 확실한 것이 될 때까지 갈고 닦아라.
분명한 목표가 있다면 그것을 위해 적극적으로 행동해야 한다.
이것이 바로 성공의 길이다.
-노만 V. 필

실수보다
중요한 것은
실수를 깨닫는 것

꽃바구니를 든 스튜어디스

삼성석유화학 시절 말레이시아 쿠알라룸푸르에서 개최된 석유화학 관련 회의에 참석하고 돌아오는 날이었다. 인천공항에 도착한 시간은 아침 7시 10분. 이른 시간인데다 밤 11시 50분에 출발한 비행기여서 밤잠을 설친 가운데 서둘러 입국수속을 하고 입국장 문을 나서고 있었다.

그런데 밖에 서 있는 몇몇 사람들 사이에 젊은 여성 두 명이 꽃바구니를 들고 서 있는 것이 보였다.

'이렇게 이른 아침에 꽃바구니를 들고 기다리는 것을 보니 특별히 환영할 만한 사람이 있는가 보군.'

나는 이렇게 생각하며 출구 쪽으로 걸어나왔다. 그런데 어찌 된 영문

인지 꽃바구니를 든 두 여성이 내게로 다가오는 것이었다. 그러고는 그것을 내게 내미는 것이 아닌가.

꽃바구니는 고사하고 어떤 축하를 받을 만한 일도 없었기에 순간 당황스럽고 이상한 느낌마저 들었다.

하지만 꽃바구니를 든 여성을 가까이서 보니 어디선가 본 듯한 얼굴이었다. 바로 출장을 위해 말레이시아로 출국하던 날 비행기 안에서 만났던 스튜어디스였다.

"사장님, 출장은 잘 다녀오셨습니까. 지난번에 주신 세심한 가르침, 정말 감사합니다. 고마운 마음 잊지 못하여 오늘 이렇게 나오게 되었습니다. 혹시 지금까지도 서운한 점이 있으시다면 풀어 주셨으면 합니다. 그리고 이건 저희가 준비한 선물입니다. 받아 주시면 고맙겠습니다…."

그제서야 왜 이른 아침부터 스튜디어스들이 나와서 나를 기다리고 있었는지 어렴풋이 알 수 있었다.

"이른 시간에 이렇게까지 신경을 써주어서 오히려 제가 부담스럽습니다. 그리고 서운한 마음도 전혀 갖고 있지 않습니다. 정말입니다. 주시는 선물은 잘 받겠습니다. 감사합니다. 건강하게 열심히 일하시기 바랍니다."

나는 조금 당황스러웠지만 성의를 생각해서 기쁜 마음으로 꽃바구니를 받았다.

사무장에게 전한 편지

꽃바구니에 얽힌 이야기는 바로 며칠 전 말레이시아로 떠나는 비행기 안에서 시작되었다. 탑승 후 얼마 있다가 저녁식사가 나왔는데 여러 가지 지적사항이 눈에 들어왔다.

나는 최고급 서비스를 제공하는 호텔신라에서만 24년간을 일하다 보니 일반인들은 잘 느끼지 못하는 부족한 부분들을 잘 발견하곤 한다. 물론 못 본 척 눈감고 지나갈 수도 있는 사소한 일이지만, 서비스업계의 대선배로서 후배들에게 잘못된 부분을 이야기해 주고 싶었다. 그렇다고 해서 열심히 서비스하고 있는 스튜어디스를 불러서 나무랄 수도 없는 노릇이었다.

이럴 때 긴요하게 사용하는 방법이 있다. 바로 메모다.

나는 기내에서 서비스를 받으면서 느꼈던 내용들을 종이에 간단하게 정리하기 시작했다.

① 음식이 보기 좋게 담겨져 나오지 않고
② 다음 음식이 나오는 시간 간격이 일정하지 않고
③ 와인 서비스가 제대로 되지 않고
④ 손님이 많이 타지 않았는데도 외국인 승무원이 서비스를 하고
⑤ 고객 파악 및 응대에 대한 사전 준비가 부족하고
　⋮

지적 대신 진심을 담은 봉투

나는 지적을 받는 직원들이 기분 나빠하지 않도록 두 페이지가 조금 넘는 분량의 지적사항을 적어서 봉투에 넣은 다음 사무장에게 전달하도록 했다.

잘못된 서비스에 대해 그 자리에서 직원을 불러 야단치거나 불만을 표시하면 당장 기분은 풀릴지 모르겠다. 하지만 그렇다고 해서 잘못된 서비스가 제대로 개선될지는 알 수 없는 일이다.

질책을 받는 직원들 입장에서도 기분이 나쁘면 진심으로 잘못을 깨닫고 개선하기보다 건성으로 개선하는 척하기 쉽다. 탓하고 욕하기보다 진심으로 깨우쳐 주고 다시 발생하지 않기를 바라는 마음에서 지적사항을 적은 메모를 전달한 것이다. 그 봉투 속에는 잘못에 대한 지적이 아니라 개선을 위한 내 진심이 들어 있었다고 해도 좋을 것이다.

잠시 후 사무장과 시니어 승무원이 와서 정중하게 사과를 하고 돌아갔다. 물론 사과를 받자고 한 일은 아니었다. 그리고 잠시 후 작은 봉투에 담긴 글이 내게 전달되었다.

"저는 오늘 서비스를 담당한 시니어 ○○○입니다. 오늘 저에게 주신 충고, 진심으로 감사합니다. 부족한 점이 너무 많아서 어떻게 사과의 말씀을 드려야 할지 모르겠습니다. 다음에 모실 기회가 되면 보다 나은 서비스를 꼭 보여 드리겠습니다. 항상 건강하시고 좋은 일만 있으시길 기원하겠습니다. 즐거운 여정 되십시오. 감사합니다."

실수는 가장 큰 가르침

바로 이 글을 쓴 주인공과 동료 한 사람이 꽃바구니를 들고 인천공항에 새벽부터 나와서 나를 기다리고 있었던 것이다.

서비스에는 언제나 실수가 있게 마련이다. 또 사람이기 때문에 누구나 실수를 하고 잘못을 할 수도 있다. 그래서 칭찬을 받으면 더 칭찬을 받도록 노력하고, 실수를 하게 되면 다시 실수를 하지 않겠다는 자기다짐이 필요한 것이다.

실수나 잘못보다 더 중요한 것은 그것을 깨닫고 고치는 것이다. 실수를 깨닫는 과정에서 더 큰 가르침을 받기 때문이다. 그렇기에 나는 함께 일하는 직원들은 물론 고객으로서 접하는 서비스 종사자 한 사람 한 사람에 대해서도 잘못된 부분이 있으면 세심하게 지적을 해 주려고 노력한다.

아마 내게 꽃바구니를 전달했던 시니어 스튜어디스는 그 항공사에서 가장 훌륭한 서비스를 펼치는 전문 인력으로 성장했을 것이다. 보지 않아도 알 수 있다.

시골 식당을
변화시킨
고객만족경영

대산항의 '호텔신라', 삼길포횟집

삼성석유화학 서산공장 인근에 삼길포라는 작은 항구가 있다. 몇몇 횟집들이 모여 있고 고기잡이배들이 출어를 기다리고 있는 아주 한적한 곳이다. 가끔 서울에서 바람을 쐬러 내려오는 사람들이 있긴 하지만 대부분 인근 공장에서 일하는 사람들을 대상으로 영업을 하는 식당들이 옹기종기 모여 있다.

그런 식당들 중에 '삼길포횟집'이 있다. 이곳은 삼성석유화학 직원들에게 대산항의 '호텔신라'라는 별명으로 불린다. 어촌 마을 횟집에서는 좀처럼 찾아보기 어려운 깔끔한 식단과 수준 높은 서비스를 제공하고 있기 때문이다. 물론 처음부터 그랬던 것은 아니다.

이 횟집은 나와 특별한 인연이 있다. 내가 삼성석유화학 사장으로 부임하면서 처음 서산공장을 방문한 날 직원들과 식사를 한 곳이기 때문이다. 당시 이 횟집은 문을 연 지 얼마 안 된 '새집'이었으므로 깨끗하고 시설도 좋은 편이었다. 신임 사장인 나를 그곳으로 안내한 이유 중에는 아마 문 연 지 얼마 안 된 깨끗한 식당이라는 점도 작용했을 것이다.

하지만 건물만 '새집'이었지, 가게 운영은 여느 횟집과 크게 다르지 않았다. 각각 다른 크기의 식기들이 어지럽게 식탁 위에 올라와 있었고, 종업원들은 아무 옷이나 입고 무뚝뚝한 표정으로 그릇을 내던지다시피 하면서 상을 차리고 있었다.

종이를 꺼내 메모를 해 줄 만한 상황은 아니었으므로 음식이 나오는 동안 주인을 불러 여러 가지 문제점에 대해 하나하나 지적해 주었다. 음식을 담는 그릇에서부터 음식 내오는 순서, 놓는 위치, 종업원들의 서비스 태도까지. 하지만 주인 입장에서는 처음 찾아온 손님으로부터 듣는 잔소리가 귀찮을 법도 했을 것이다. 그리고 식당 주인이 정말 그대로 실천할 것이라고는 그 누구도 생각지 못했다.

삼길포횟집의 놀라운 변화

하지만 두 번째 그 횟집을 방문했을 때, 깜짝 놀랄 정도로 큰 변화가 일어났다. 식당 주인이 나의 말을 그냥 흘려듣지 않고 그대로 실천한 것이었다.

식당 문을 열면서 새로 구입한 얼마 쓰지 않은 그릇들을 모두 다시 장만했는데, 크기와 모양을 통일시키고 디자인도 횟집에 어울리는 것으로 갖춰 놓았다. 그리고 상차림도 손님들이 식사하기 편하도록 반찬을 가지런히 보기좋게 차려냈다.

그 후로도 식당을 찾을 때마다 여러 가지 지적을 아끼지 않았다. 그리고 횟집 주인은 나의 지적사항들을 하나씩 개선해 나갔다. 음식을 나르는 종업원들도 통일된 복장을 갖추고 친절하게 미소를 지으며 음식을 날랐다. 삼길포 인근에서 가장 유명한 식당이 되었음은 물론이다.

서산공장 사람들은 사내 회식이나 외부 사람들과의 약속을 주로 이 횟집에서 한다. 삼성석유화학뿐만 아니라 다른 공장 손님들도 많다. 손님을 모실 일이 있거나 중요한 식사자리라면 당연히 좋은 서비스를 제공하는 식당을 찾게 마련이기 때문이다.

이런 작은 변화를 통해 삼길포횟집은 이 항구에서 가장 잘 되는 횟집 중 하나로 발전했다. 깐깐한 손님의 허튼소리라고 넘겨 버렸다면 아마 이러한 변화는 없었을 것이다.

이 모든 것이 바로 고객만족경영의 작은 성과라면 성과라고 할 수 있다. 고객만족경영이 많은 것을 바꾸어 놓았다. 이렇게 공장 주변의 식당까지도.

고객은
세 개의
'안경'으로 본다

고객보다는 손님

에버랜드에서는 고객 customer 이라는 말보다 손님 guest 이라는 말을 주로 사용하도록 했다. 고객이라고 하면 왠지 뭔가를 주고 나서 반드시 그 대가를 기대하고 바라는 사무적이고 딱딱한 느낌이 드는 것이 사실이다.

하지만 손님이라고 할 때의 느낌은 다르다. 물건을 사거나 서비스를 이용하는 사람이라는 의미보다 우리 집 잔치에 와 준 고마운 사람이라는 느낌이 많이 든다.

나는 에버랜드를 찾는 사람들 역시 이용료를 지불하고 그 대가로 서비스를 제공해야 하는 고객이 아니라, 우리 집을 찾아온 반가운 손님들이 편안한 마음으로 신나게 놀고 실컷 즐기다가 돌아갈 수 있기를 바랐다.

아무리 서비스 교육을 많이 시킨다고 하더라도 그것은 격식화된 친절일 뿐이다. 좀 더 냉정하게 말하자면 돈을 지불한 것에 대한 대가라고 할 수 있다. 진정한 서비스는 겉모습에 있는 것이 아니라 진실된 마음에 있다. 그런 서비스를 제공해야 고객들도 진심으로 감동을 받을 수 있다.

작은 생각의 변화가 때로는 큰 결과의 변화로 나타나기도 한다. 고객을 손님으로 부르자는 생각의 변화가 있고 난 후 그동안 쏟아지던 수많은 불만의 편지들이 서서히 칭찬의 편지로 바뀌어 가는 기적 같은 일들이 일어나기 시작했다.

당시 '손님'들로부터 이런 칭찬을 받은 적이 있다.

"에버랜드 지구마을 입구에서 일하는 한 캐스트는 추운 날씨에도 불구하고 잔잔한 미소로 손님들을 맞고 있었다. 그때 한 어린이가 코를 흘리는 모습이 보였다. 그 캐스트는 하얀 손수건을 꺼내 정성스럽게 아이의 코를 닦아 주었다."

주변에서 그 모습을 지켜본 한 고객이 감동해서 편지를 보내 왔고, 나는 그 편지를 캐스트가 근무하는 자리에 크게 확대해서 걸어 주었다. 그러자 그것이 도화선이 되어 다른 회사에서까지 많은 사람들이 벤치마킹을 올 정도가 되었고, 그 직원은 에버랜드 서비스의 상징이 되기도 했다.

또 입구 매표소에서 표를 사지 않아도 되는 어린이가 표를 샀다고 다시 표값을 환불해 주면서 입장을 도와주던 캐스트의 모습을 보고 감동한 그 어린이의 할아버지는 "선대회장님도 참 훌륭하게 일을 하셨지만 아드님 회장도 일을 잘 하신다"며 이건희 회장님 앞으로 직접 편지를 보내 오기도 했다.

변기에 빠진 반지

　　　　겨울철 눈썰매장에 설치되어 있던 임시 화장실에 친정 어머니의 유품인 반지를 빠뜨린 주부의 애타는 사연을 듣고, 임시 화장실을 전부 퍼내고 오물 속에 들어 있던 반지를 찾아서 깨끗하게 씻어 전달한 감동적인 사연도 있었다.

　이런 일들은 단순히 고객이나 친절이라는 단어만으로는 쉽게 해결할 수 없는 일이라는 면에서 많은 사람에게 큰 감동을 전해 주었다.

　돈으로 따질 수 없는 소중한 의미가 담긴 반지라는 이야기를 듣고 담당 직원은 고객의 안타까움을 덜어 주기 위해 화장실 분뇨통을 분해하기로 전격 결정을 내렸다.

　오후 6시가 넘은 시간이었다. 해가 저물자 기온이 뚝 떨어져 온도계는 영하 7~8도를 가리키고 있었다. 바람이 심하게 불어 체감온도는 영하 10도 밑으로 내려갔다. 주위에 가로등이 있긴 했지만 춥고 어두운 날씨에 작은 반지를 식별하기란 쉽지 않았다. 더욱이 분뇨통에 빠진 작은 반지를 찾아낸다는 것은 불가능한 일처럼 보였다.

　근무자 4~5명을 투입하여 간이화장실을 분해하기 시작하였는데,

전문작업자가 아닌 눈썰매장 근무자들이라 작업이 서투를 수밖에 없었다. 상당한 시간이 흘렀지만 간이화장실은 생각보다 쉽게 해체되지 않았다.

결국 한 시간가량을 씨름한 끝에 간신히 간이화장실 바닥에 부착된 재래식 변기 형태의 테두리를 해체할 수 있었다. 가로 세로 1.5미터, 깊이 2미터의 분뇨통에는 오물과 휴지가 반쯤 차 있었다.

그런데 변기 테두리를 해체하긴 했지만 분뇨를 퍼내야 하는 입구는 어른의 팔이 들어갈 정도의 구멍밖에 되지 않았다. 시간이 갈수록 바람은 불고 기온은 더 내려가 지체하면 할수록 작업 환경은 점점 나빠지고 있었다.

분뇨를 퍼낼 플라스틱 바가지와 분뇨를 받칠 거름망과 분뇨를 담을 통을 인근 식당에서 가져와 본격적으로 확인작업에 들어갔다. 선임자였던 직원이 선뜻 자원하여 간이화장실 좁은 바닥에 무릎을 꿇고 좁은 분뇨통에 팔을 깊숙이 넣어 플라스틱 바가지로 분뇨를 퍼내기 시작했다.

조심스럽게 한 바가지 한 바가지 분뇨를 퍼내어 거름망에 쏟아 부으면 다른 직원이 고무장갑을 끼고 반지가 있는지 밀가루 반죽하듯이 주물럭거리며 촉감으로 1차 확인을 하고, 2차는 거름망에 걸러진 것을 눈으로 확인하는 작업을 계속 반복했다.

그렇게 또 한 시간이 훌쩍 흘렀을까. 추운 날씨와 지독한 분뇨 냄새에 직원들은 지쳐가고 분뇨통도 서서히 바닥을 드러낼 즈음, 마침내 뭔가 손에 잡히는 것이 있었다.

"찾았다!"

주위는 깜깜한데다가 날씨는 무척 추웠다. 작업에 투입된 직원들의 몸에서는 악취가 나고 옷에 분뇨가 묻어 더러워졌지만 반지를 찾았다는 안도감에 모두 긴 한숨을 쉴 수 있었다.

어렵게 찾은 반지를 깨끗하게 닦아 손님에게 건네자, 그 주부는 고마워서 어쩔 줄 몰라하며 기쁨의 눈물을 감추지 못했다.

세 가지 안경의 의미

이 사례는 고객은 물론 직원들 모두에게 깊은 감동을 주었다. 가끔 직원들을 대상으로 고객 관련 교육을 하면서도 과연 그 끝이 어디일까 곰곰이 생각해 보곤 했다.

그리고 이런 사례를 접할 때면 이러한 친절이 과연 교육이나 매뉴얼로 이루어질 수 있는 것인지에 대해 깊은 생각에 빠지기도 했다. 스스로 마음에서 우러나지 않으면 결코 할 수 없는 일인 것 같다.

이런 직원들의 크고 작은 친절 사례들이 에버랜드를 환하게 밝혀 주었다.

나는 직원들에게 "누가 보든 보지 않든 간에 파크가 오픈되는 순간 우리 모두는 무대에 서 있는 배우라는 사실을 항상 기억해 주기를 바란다"고 말해 왔다.

우리에게는 잘 보이지 않는 일, 우리는 잘 모르는 일들도 고객들의 눈에는 쉽게 띌 수 있다. 고객들은 특별한 세 개의 안경을 가지고 있기 때문이다. 고객은 결코 우리를 그냥 보지 않고 이 세 개의 안경을 통해서 본다.

'망원경 Telescope'으로는 멀리 있어도 아주 가까이에서 보는 것처럼 볼 수 있고, '현미경 Microscope'을 통해서는 아주 작은 일도 크게 확대해서 이리저리 뜯어 볼 수 있다. 그리고 절대 보이지 않는 곳에 있다고 생각해도 고객은 우리를 볼 수 있다. 고객들은 숨어서도 우리를 볼 수 있는 '잠망경 Periscope'을 가지고 있기 때문이다.

서비스업에 종사하는 사람들이라면 고객이 가진 이 세 가지 안경의 의미를 잘 새겨야 할 것이다.

'친절'을
생산하는 공장

무뚝뚝한 표정을 바꿔라

호텔신라와 에버랜드에 근무하다가 삼성석유화학에 처음 왔을 때 가장 안타까웠던 점 가운데 하나는 직원들의 '친절'에 대한 마인드였다.

서비스 업종에 근무하는 사람들은 항상 웃는 얼굴로 인사하고 누구에게나 친절하게 대하는 것이 일상생활처럼 몸에 배어 있다.

하지만 제조업 공장에서는 도무지 '친절'이라는 단어를 찾아볼 수 없었다. 그 누구도 그런 것이 필요하다고 생각하지 않았다. 항상 무뚝뚝한 얼굴에 부드러운 말을 건네도 이색하게 반응하는 회사 분위기를 보면서 적극적인 개선이 필요하다는 생각이 들었다.

서비스 업종에는 여자 직원들이 많은 것에 비해 석유화학회사 현장에는 남자 직원들의 비율이 월등히 높다. 주로 기계를 다루는 남성적인 기업 문화가 회사 분위기를 딱딱하게 만드는 '요인'이라고 판단한 나는 직원들에게 친절 문화를 습관화시키기로 마음먹었다.

그리고 곧바로 에버랜드에서 초창기에 도입하여 효과를 보았던 친절 캠페인을 벌이기로 했다. 용모, 복장, 보행, 인사, 전화응대 등 5가지 항목을 선정해서 서비스업에서와 똑같은 강도로 실행하게 한 다음 그 결과를 평가하여 인사에 반영하기로 했다.

공장을 바꾸어 놓은 친절 캠페인

"공장에서 물건만 잘 만들면 되지 왜 이런 부분까지 신경을 써야 합니까?"

"친절이라는 것은 서비스업 종사자들에게나 필요한 것 아닙니까? 왜 우리가 친절하기까지 해야 하죠?"

친절 캠페인을 처음 시작할 때만 해도 직원들의 반응은 그다지 좋은 편이 아니었다. 드러내놓고 크게 반대하지는 않았지만, 왜 우리가 그런 일까지 해야 하나 하는 분위기가 사내에 팽배했다.

하지만 한 달이 가고 두 달이 지나면서 그런 불만들이 차츰 줄어들기 시작했다. 자신도 모르는 사이에 스스로가 변해 가고 있다는 것을 깨달았기 때문이다.

평소 별 신경 쓰지 않고 아무렇게나 말하던 습관을 버리고 정제된 언어를 사용하다 보니, 서로를 대하는 모습이 한결 부드러워졌다. 직장에서 뿐만 아니라 친구나 가족에게도 마찬가지였다. 무의식적으로 나오던 거친 단어 대신 예절에 맞는 단어를 사용하다 보니 주변사람들이 다 놀랄 정도였다.

좋은 매너나 에티켓은 업종이나 산업의 영역을 떠나 회사, 더 나아가 사회 분위기를 밝히는 원동력이다. 밝은색으로 단장한 공장, 계절의 변화를 느낄 수 있는 녹지가 직원들의 행동에 변화를 가져오는 물리적인 환경이라면, 친절은 심리적이 환경이다.

친절은 꼭 고객을 위한 것만이 아니다. 조직 구성원들 사이를 부드럽게 해 주며, 나아가 가족과 친구, 그리고 타인을 대할 때에 윤활유와 같은 것이다.

이러한 예들은 환경의 변화에 따라 사람이 얼마나 바뀔 수 있는가를 잘 보여 주고 있다. 최고경영자는 일상적이고 평범한 주변환경에서 긍정적인 변화를 불러올 수 있는 요소를 찾아내야 한다.

성공적인 CEO는 커다란 청사진을 그리면서 현미경으로 조직 내부를 들여다볼 수 있는 사람이다. 조직 내에서 뿐만 아니라 지역사회, 나아가 국가에 이르기까지 환경의 힘을 믿고, 사람에게 긍정적인 영향을 미치는 환경을 조성하는 일에도 사명감을 가지고 노력해 나가야 한다.

고객만족에
베스트는 없다

앤서니 퀸의 마지막 생일선물

　　　　　세계적인 영화배우 앤서니 퀸은 호텔신라를 세 번이나
방문한 단골고객이었다. 한국을 방문했을 때 컨디션이 좋지 않았던
그를 위해 우리는 객실 안에 늘 따뜻한 인삼차와 귤차를 준비해 두었
고, 외국 호텔 생활에 지루해하는 그의 어린 딸을 위해 따로 장난감과
인형을 사다 놓는 정성을 쏟았다.

　또 미술에도 조예가 깊어 노년에는 회화와 조각에 몰두하기도 했던
앤서니 퀸이 한국 전통자수로 만든 병풍 '일월도'에 크게 관심을 보
였는데, 이는 1986년 8월 당시 230만 원이라는 고가에 구입한 작품이
었다. 이를 기억하고 있던 그의 부인이 앤서니 퀸의 생일을 맞아 특별
히 구입 요청을 해 와 선물로 보내기도 했다. 이 병풍은 결국 앤서니

퀸의 86회 생일이자 생전의 마지막 선물이 되었다.

왕족이면서 뛰어난 경제적 감각으로 '아라비아의 워런 버핏'으로 불리는 알 왈리드 사우디 왕자가 묵었을 때는, 그의 종교적 성향을 존중하는 의미에서 방안에 항상 비치해 두던 성경 대신 코란을 준비해 놓았다.

뿐만 아니라 술과 담배 등 이슬람에서 금기시하는 물건들을 객실에서 치우고, 날마다 메카를 향해 기도하는 이슬람교도의 생활을 고려해 카펫 방향을 조정해서 하루도 거르지 않는 종교의식을 불편 없이 수행하도록 배려했다.

마이클 잭슨의 감탄사

1998년 팝의 황제라 불리던 마이클 잭슨이 방한했을 때는 그의 독특한 성격에 맞춰 다소 보수적인 호텔 분위기를 깨고 여러 가지 파격을 단행했다.

세계적인 팝스타의 방문을 환영하는 의미로 잔잔한 클래식 음악이 흐르던 로비에 그의 히트곡이 울려 퍼지도록 했고, 룸서비스맨들은 마이클 잭슨의 트레이드 마크인 선글라스와 흰 장갑을 착용한 채 도열해 있다가 그의 등장에 맞춰 경례를 했다.

또한 방 전체를 유아 취향의 풍선과 인형 등으로 장식하는 것은 물론, 그의 취미를 고려하여 미리 게임기를 준비하는 치밀함을 보였다. 마이클 잭슨은 이와 같은 특별한 배려에 감탄사를 터뜨렸으며, 특히 얼음으로 만든 자신의 흉상에 큰 관심을 보였다.

제임스 울펀슨 세계은행총재 방한 때는 그가 음악 애호가이며 한때 첼리스트였다는 점을 감안하여, 엘리베이터 액정 모니터를 통해 카네기홀 공연 실황을 녹화 중계했으며, 호텔 전체를 음악이 흐르는 분위기로 바꾸었다.

또한 그의 부인이 교육학을 전공했으며 이 부문에 지대한 관심이 있다는 정보를 입수하여, VIP 담당 지배인들은 교육학에 대한 공부를 미리 해 두어 자연스럽게 대화를 유도하기도 했다.

VIP 고객들이 호텔을 떠날 때는 항상 작은 정성을 준비하는데, 앤서니 퀸에게는 영의정 옷을, 박세리 선수에게는 그녀의 흉상을 특별 주문 제작하여 선물했다.

투숙 기간 중에 생일을 맞았던 캐나다의 장 크레티엥 총리 내외에게는 깜짝 생일파티와 함께 한복을 선물하기도 했다. 장 크레티엥 총리 부인은 선물받은 한복을 입고 나와 감사의 마음을 표시했는데, 한복이 아주 잘 어울리던 모습이 아직도 눈에 선하다.

이러한 호텔신라만의 맞춤 서비스는 호텔을 방문한 각국의 VIP들에게 잊을 수 없는 인상을 남겼고, 그 결과 한국 토종 호텔이 세계 유수의 호텔들과 어깨를 나란히 할 수 있게 되었다고 생각한다.

애프터 서비스보다는 비포 서비스

서비스는 사람과 사람 사이의 관계에서 시작되며, 그 시작은 관심과 배려다. 무슨 특별한 방법이 있다기보다는 상대방의 입장에서 생각하고 행동하는 맞춤 서비스가 필요하다.

맞춤 서비스의 가장 중요한 핵심은 고객에 대한 철저한 '연구' 다. 신체 치수를 모르면서 몸에 딱 맞는 옷을 만들 수 없듯이, 고객이 원하는 바를 명확히 알고 있지 않으면 제대로 된 맞춤 서비스를 제공하기 어렵다.

이를 위해서 고객에 대한 정보를 데이터베이스화하여 상품이나 배려, 태도, 분위기 등을 통해 최상의 서비스를 구현해 내는 것이 무엇보다 중요하다. 더운 여름에 땀 흘리는 모습을 보고 시원한 물 한 잔을 제공하는 것처럼, 세심하게 고객의 반응을 살피고 그에 맞는 서비스를 제공해야 한다.

좋은 서비스란 고객의 요구에 대응하는 것이 아니라 고객이 요구하기 전에 먼저 하는 것이다. 맞춤 서비스에 관한 한 애프터 서비스 After Service란 없다. 미리미리 대처하는 비포 서비스 Before Service가 있을 뿐이다.

비포 서비스를 하기 위해서는 계절이나 시차에 따라 달라지는 고객의 요구사항을 사전에 파악하고 제품과 서비스 자체뿐만 아니라 유통시스템, 가격구조, 디자인 등 다방면에 대해 복합적으로 꾸준히 연구해야만 한다.

고객은 절대 기다려 주지 않는다. 기다려야 하는 상황에 처한 고객은 불만을 토로하거나 미련 없이 돌아서 버린다. 같은 비용을 투입하더라도 문제가 발생하기 전인지 후인지에 따라 고객의 반응은 전혀 달라진다. 문제가 생기고 난 후 아무리 공들여 수습하더라도 한 번 마음이 돌아선 고객은 다른 기업의 문을 두드리고 있을지 모른다.

훌륭한 어머니는 여름이 오기 전에 모시옷을 마련하고, 겨울이 오기 전에 누빔옷을 준비한다. 고객을 위한 서비스도 마찬가지다. 어머니 같은 마음가짐과 행동으로 앞서서 준비하고 대책을 세우는 것을 일상화한다면, 고객의 불만을 미리미리 예방하고 만족을 극대화시킬 수 있을 것이다.

고객은 항상 움직인다

고객의 마음을 살피고 앞서가는 서비스를 제공받은 고객은 자발적으로 기업과 장기적인 관계를 맺고자 하며, 기업에 있어 든든한 조력자가 된다.

장기고객은 서비스 구매 행위 자체로도 기업에 이윤을 가져다줄 뿐만 아니라, 주변에 긍정적인 평가를 퍼뜨리므로 어떤 광고보다도 강력한 효과를 불러온다.

장기적인 고객관계는 기업과 고객 모두에게 더 큰 가치를 제공하는 윈-윈win-win 게임으로 모든 기업이 추구하는 관계다. 하지만 잊어서는 안 되는 것이 있다. 한 번 고객의 마음을 얻었다고 해서 그것을 영원히 가질 수는 없다는 점이다. 오히려 이러한 고객이 등을 돌렸을 때가 더 무서울 수 있다.

고객을 대함에 있어 항상 진실한 마음에서 우러나오는 태도를 보여야 하며, 순간의 이익에 대한 집착을 버리고 함께 가치를 창출해 나가는 파트너로 대한다면 장기적으로 서로에게 이익이 되는 건강한 관계를 맺을 수 있다.

고객은 항상 변하고 움직인다. 그 때문에 지금 100% 샀다고 해서 그 상태를 그대로 유지할 수는 없다. 움직이는 고객을 만족시키기 위해서는 머물러 있지 말고 끊임없이 노력해야 한다.

고객만족에 베스트는 없다. 베터만 있을 뿐이다.

다섯 '카테고리'의
고객

을씨년스러운 공장

　　　　　삼성석유화학 서산공장은 1999년까지만 해도 삼성종합
화학삼성토탈의 전신 소속이었다. IMF 외환위기 당시 구조조정을 하면서
삼성석유화학으로 넘어오게 되었다.

　　인수 당시 서산공장은 5만 평 공장부지에 공장 1기만이 덩그렇게
놓여 있는 을씨년스러운 모습이었다. 공장 건물을 제외한 나머지 공
간은 모두 공터였다.

　　공터에는 쓰지 않는 물건들이 잔뜩 쌓여 있었고 군데군데 잡초가
무성하게 자라고 있었다. 석유화학 기업들의 경우 공장 증설 등 앞으
로의 확장을 위해 여분의 부지를 가지고 있는 경우가 많다. 새로운 공
장을 짓기 전까지 그 남은 공간들은 쓸모없는 공터로 남아 있을 수밖

에 없다.

나는 그 공간들을 그 상태로 방치해서는 안 된다고 생각했다. 삭막한 공장도 얼마든지 아름다운 공원이 될 수 있다는 것을 보여 주고 싶었다. 공터를 탈바꿈시킬 수 있는 원동력이 되었던 것은 바로 '내부 고객'인 직원들의 만족이었다.

"고객관리 걱정할 필요 있나요?"

고객이라고 하면 제품을 구매하는 소비자나 거래처를 떠올리게 된다. 그런 면에서 볼 때 삼성석유화학은 고객 걱정을 할 필요가 없는 회사였다.

"우리 회사의 생산품인 PTA를 구매해 가는 고정거래처라고 해 봐야 10여 개밖에 안 됩니다. 그 업체들만 잘 관리하면 되는데, 특별히 고객관리 같은 것을 별도로 할 필요가 있을까요?"

직원들은 10여 개의 기존 거래처 관리만 잘 하면 고객관리는 끝이라고 생각했다. 그런 상황 속에서 고객만족경영 같은 이야기가 귀에 들어올 리 없었다.

나는 고객에 대한 정확한 정의부터 새롭게 내려야 한다는 생각이 들었다. 그래서 직원들이 막연하게 생각해 온 고객이라는 개념을 구체화해서 '다섯 카테고리의 고객'으로 세분화한 다음 그것을 직원들에게 알려 주었다.

"제품을 사가는 거래처만 고객은 아닙니다. 그들은 여러 고객 중 하나인 외부 고객일 뿐입니다. 고객들 중에는 내부 고객도 있고 협력사 고객, 지역사회 고객, 주주 고객도 있습니다. 이 5대 고객을 모두 만족시킬 수 있어야 합니다."

그리고 그 중에서도 내부 고객을 가장 중요한 고객으로 첫 손가락에 꼽았다. 외부 고객을 만족시키려면 그에 앞서 내부 고객인 직원들의 만족이 먼저 이루어져야 한다는 논리였다.

삼성석유화학의 5대 고객

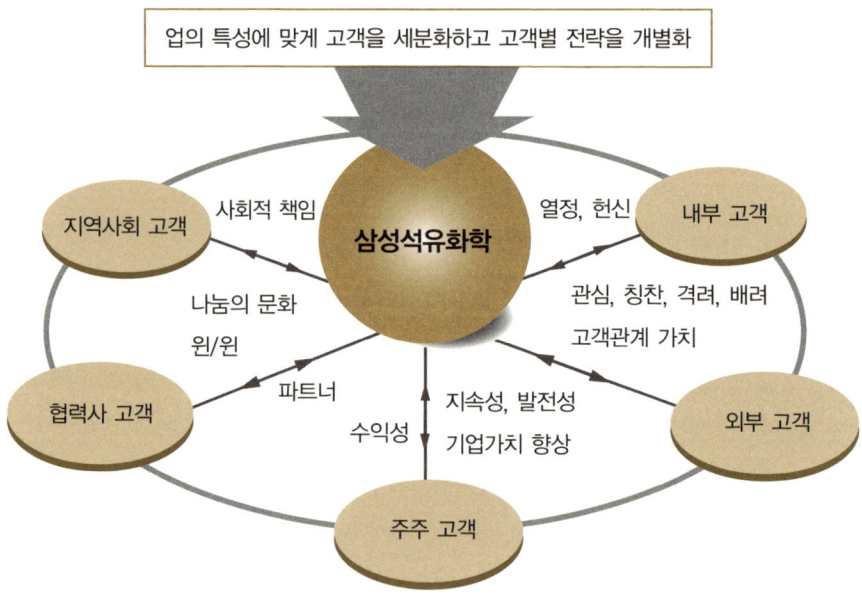

불만 가득 찬 종업원은 테러리스트

　　　　제대로 대접받지 못하고 불만에 가득 찬 직원이 밖에 나가서 외부 고객에게 좋은 서비스를 제공할 것이라는 가능성은 거의 없다. '불만이 있는 종업원은 테러리스트'라는 말은 괜한 말이 아니다.

내부 고객의 만족도가 외부 고객 만족도보다 높으면 높았지 결코 낮아서는 안 된다는 것이 내 주장이었다.

그리하여 내부 고객 만족을 위한 대대적인 개선이 이루어졌다. 서산공장은 물론 울산공장도 공장 내에 나무를 심고 잔디를 가꾸었다. 삭막했던 공장이 화사한 정원으로 바뀌자 직원들의 근무 능률이 향상되기 시작했다.

직원들이 하루 종일 근무하는 사무실에 대한 개선도 이루어졌다. 서산공장의 경우 단층으로 되어 있던 사무동 건물을 2층으로 증축해서 각종 편의시설을 도입했다.

또한 서산공장은 직원의 숫자가 적다는 이유로 자체 식당을 운영하지 않았다. 점심시간이면 옆에 있는 삼성토탈 공장 구내식당에 가서 점심을 해결해야 했기 때문에 직원들의 불편이 이만저만이 아니었다. 증축한 건물에 식당을 새로 만들어 점심시간에 직원들이 회사 밖에 나가지 않고도 식사를 할 수 있도록 했다.

그리고 직원들의 체력관리를 위해 헬스센터도 만들었다. 울산과 서산공장의 헬스센터에 가면 고급 호텔이나 특급 피트니스센터에서 볼 수 있는 운동기구들을 갖추고 있다. 울산공장의 경우 헬스센터와 멀리 떨어져 있던 샤워장을 바로 옆으로 옮겨 와 직원들이 이용하는 데 불편함이 없도록 했다.

협력업체도 중요한 고객

　　　　내부 고객만큼이나 직원들이 생소하게 생각했던 고객은 '협력사 고객'이었다. '갑·을' 관계로 대표되는 기업의 거래관계에서 협력사란 바로 '을'의 역할을 말한다.

"협력사들까지 고객처럼 모셔야 한다는 말입니까?"

직원들이 의아하게 생각하는 것이 어쩌면 당연한 일인지도 몰랐다. 어느 업종이나 마찬가지지만 '을'이라고 하면 '고객'과는 거리가 한참 멀다. 고객은 떠받들어 모셔야 하는 '상전'이라고 생각한다면 '을'은 아무렇게나 부려먹어도 되는 정도로 취급받는 것이 사실이다.

하지만 삼성석유화학에서는 협력사도 중요한 고객으로 '격상'시켰으며, 공장 정비업체 직원이나 물류 기사들에게 직원들과 똑같은 대접을 해 주고 있다. 회사 내의 건강검진이나 체력측정 때 협력업체 직원들도 함께 검사를 받도록 했다. 또한 협력업체 직원들이 업무를 처리하는 공간에 대한 안전검사를 수시로 실시, 이들이 작업을 하면서 사고를 당하거나 다치지 않도록 조치를 취했다.

울산공장은 공장 정비 등을 위해 방문하는 협력업체 직원들이 점심시간만 되면 불편을 겪어 왔다. 공장 내에 직원 식당이 있었지만 점심

시간에는 자리가 모자라 함께 식사를 할 수 없었기 때문이다. 협력업체 직원들은 할 수 없이 공장 내 공터 아무 곳에서나 자리를 펴놓고 식사를 할 수밖에 없었다.

이러한 상황이 오랫동안 유지되었지만 특별히 문제가 있다고 생각하는 사람은 없었다. 하지만 협력업체 직원들도 중요한 고객이라는 인식을 바탕으로 이들을 위한 전용식당을 만들도록 했다.

IMF 외환위기 이후 많은 기업들이 내부의 주요 부문을 전문업체에 맡기는 아웃소싱을 중요한 경영 전략의 하나로 도입했다. 그것은 비단 우리나라만의 현상은 아니고 전 세계적인 흐름이었다.

아웃소싱이 일반화된 경영환경에서 전통적인 '갑·을' 관계는 무의미하다. 아웃소싱 업체의 품질이 기대에 미치지 못하면 그 피해는 고스란히 일을 맡긴 '갑'의 기업에게 돌아올 수밖에 없기 때문이다. 이제 협력사는 단순한 '하청업체'가 아니라 한 기업의 능력을 좌우하는 핵심요소로 인정받고 있다.

고객은
왕이 아니라
'파트너'다

고객의, 고객에 의한, 고객을 위한

고객만족경영을 추진하고 있는 기업 중에는 '고객이 왕'이라는 신념을 가진 곳이 많이 있다. 서비스업 현장에 가 보면 고객이 아무리 화를 내고 무리한 요구를 하더라도 조금도 기분 나쁘지 않은 표정으로 서비스를 하도록 철저하게 직원들을 교육시키고 있다.

물론 맞는 이야기다. 그리고 그것이 고객만족경영에서 매우 중요한 요소이기도 하다. 하지만 그것이 전부는 아니다. 예측 불가능한 불특정 다수를 고객으로 하는 B2C 기업에서는 그런 것들이 어느 정도 통할지 모르지만 B2B 기업에서는 통하지 않는다.

나는 삼성석유화학을 경영하면서 B2B 기업의 고객만족경영이라는 새로운 실험을 할 수 있었다. B2B 기업의 고객만족경영은 매일 현장에서 불특정 다수의 고객들과 만나는 B2C 기업과는 차이가 날 수밖에 없다.

가장 중요한 것은 고객을 무조건 떠받든다는 자세에서 벗어나야 한다는 점이다. 고객을 '왕'으로 생각해서는 안 된다. B2B 기업에 있어서 고객의 정확한 의미는 '왕'이 아니라 '파트너'다. 함께 공존하고 함께 발전할 수 있는 좋은 '협력자'인 셈이다.

고객이 왕이라는 생각 자체가 일방소통식의 원 웨이one way 커뮤니케이션에 의존하고 있다는 것을 보여 준다. 이러한 관계에서 커뮤니케이션은 한쪽으로 일방적으로 흐를 수밖에 없다. 제대로 된 소통이 이루어질 수 없다는 얘기다.

B2B 기업에서 고객만족경영은 상호 교류할 수 있는 투 웨이two way 커뮤니케이션이 이루어져야 한다. 이들에게 고객 서비스란 친절 그 이상이 되어야 한다는 것이다.

B2B 기업의 고객 대부분은 덩치가 큰 고정고객들이다. 만에 하나 이들이 부도를 낸다거나 경영 상황이 좋지 않아서 물건을 덜 사간다면 어떻게 될 것인가?

결과는 뻔하다. 그 피해는 고스란히 공급업체에 돌아갈 수밖에 없다. B2B 기업에서 고객만족이 말 그대로 고객이 만족스러워하는 것만으로 끝나서는 안 되는 이유가 바로 여기에 있다.

고객가치를 경영하라

삼성석유화학에서는 기존의 고객만족경영을 한 단계 발전시킨 '고객가치경영'을 추진해 왔다. 고객가치경영이란 단순히 고객에게 잘해 주는 차원을 넘어 고객과 함께 발전할 수 있도록 서로의 가치를 공유하고 그 시너지 효과를 극대화시키는 것을 의미한다.

기존의 고객만족경영이 '고객을 위한 가치Value for Customers'에 중점을 둔 것이라면 고객가치경영에서는 여기에 '고객의 가치Value of Customers'와 '고객에 의한 가치Value by Customers'를 포함시킨 것이다.

고객을 위한 가치란 말 그대로 기업이 고객을 위해 제공하는 가치를 의미한다. 고객의 가치는 기업 입장에서 고객이 지니고 있는 가치, 고객에 의한 가치는 고객이 기업과의 관계에서 스스로 창출하는 가치를 뜻한다.

고객에게 일방적으로 가치를 제공해 주는 일뿐만 아니라 고객으로부터 중요한 가치를 공유하기도 하면서 서로의 발전을 도모할 수 있도록 하는 것이다.

삼성석유화학은 3대 혁신 방법론을 비롯, 자체적으로 보유하고 있는 다양한 경영혁신 기법들을 고객사들에게 아낌없이 전해 주었다. 아무리 뛰어난 혁신 방법론으로 무장하고 있다고 해도 고객이 망해 버리면 아무 소용이 없다는 것을 잘 알고 있기 때문이다.

또한 고객사로부터 배울 것이 있으면 적극적으로 도움을 받아 왔다. 그 도움을 바탕으로 제품과 서비스를 개선한다면 더 좋은 제품을

삼성석유화학의 고객가치경영

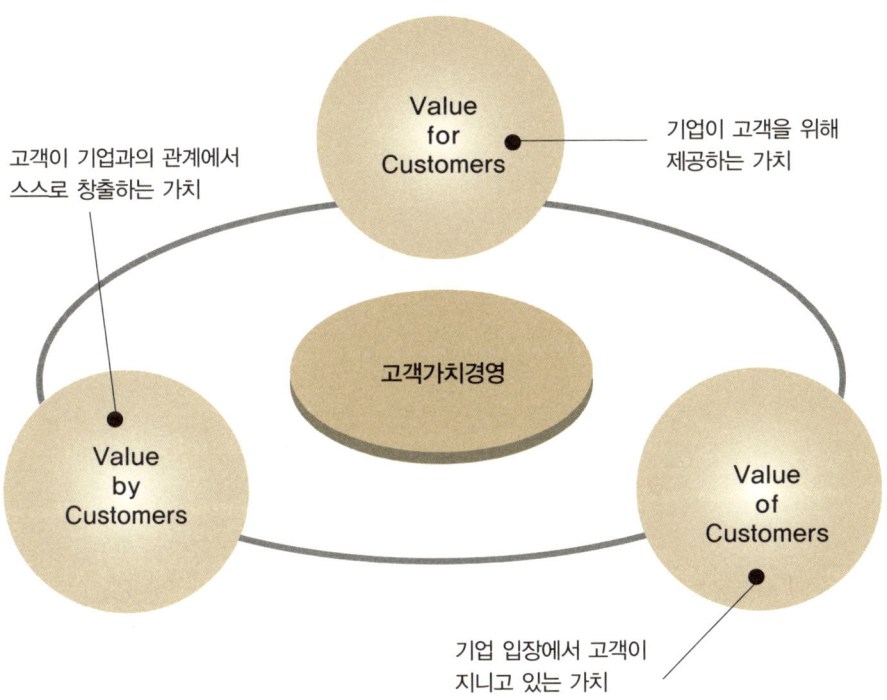

고객이 기업과의 관계에서
스스로 창출하는 가치

기업이 고객을 위해
제공하는 가치

Value
for
Customers

고객가치경영

Value
by
Customers

Value
of
Customers

기업 입장에서 고객이
지니고 있는 가치

고객사에 공급할 수 있는 선순환을 통해 차원 높은 고객만족을 실현할 수 있기 때문이다.

원-윈의 가장 기본적인 콘셉트는 서로 가지고 있는 가치를 나누는 것이다. 그것이 곧 고객가치경영의 핵심이기도 하다.

직원들의 열정을
불러일으키는
'공간'의 힘

에버랜드의 명물, 캐스트 하우스

　　　　내가 CEO로 재직했던 회사들에는 공통점이 하나 있다. 사업장뿐만 아니라 직원들이 생활하는 기숙사나 편의시설까지도 많은 사람들의 주목을 끌었다는 점이다.

　제주신라호텔과 에버랜드의 경우 기숙사가 업계의 주요 벤치마킹 대상이었으며, 삼성석유화학도 직원들을 위한 편의시설에 많은 투자가 이루어졌다.

　에버랜드에서는 직원들이 근무하는 공간을 스테이지Stage라고 부르며 임직원을 캐스트Cast, 근무복을 무대의상이라고 한다. '캐스트 하우스Cast House' 라고 하면 캐스트, 즉 직원들이 숙식을 해결하는 기숙사를 의미한다.

에버랜드의 캐스트 하우스는 관련업계 방문객들이 많이 찾는 벤치마킹 단골 코스 중 하나다. 캐스트 하우스의 시설이나 운영방식이 일반 기업들의 기숙사와 큰 차이를 보이고 있기 때문이다.

대부분의 기업들이 기숙사를 지을 때 효율을 가장 먼저 생각한다. 정해진 공간에 어떻게 하면 적은 비용을 투자해서 많은 인력을 수용할 수 있는가 하는 고민이다.

고객 서비스를 위한 시설에는 막대한 비용을 투자하고 아주 세심한 부분까지 신경을 쓰면서 기숙사처럼 겉으로 드러나지 않는 직원 관련 시설에 대해서는 투자를 하지 않는 기업들도 많다. 제대로 대접받지 못하는 직원들이 어떻게 고객들을 정성껏 대접할 수 있을까.

에버랜드의 명물, 캐스트 하우스 전경

나는 우리 직원들의 숙소인 캐스트 하우스가 고객들을 위한 시설 못지않아야 한다는 생각을 했다. 그리하여 에버랜드 캐스트 하우스는 1인 1실 위주로 7백여 명을 수용할 수 있는 기숙사로 설계되었으며, 기숙사가 시내와 거리가 있는 현장에 있기 때문에 편의시설 이용에 어려움이 있을 것을 감안하여 기숙사 내에 피트니스클럽, 독서실, 게임장, 회의실, 이발소, 미용실 등 생활에 필요한 시설들을 모두 갖추도록 했다.

기숙사만큼은 삼성전자보다 한수 위

"기숙사에 지나치게 많은 투자를 한 것 아닙니까?"

에버랜드의 캐스트 하우스가 문을 열자 여기저기서 비판의 소리가 터져 나오기 시작했다. 어느 정도 예상하고 있었던 일이지만, 가장 논란이 됐던 것이 바로 '1인 1실'의 기숙사 운영방식이었다.

당시만 해도 황금알을 낳는 핵심 계열사인 삼성전자에서도 3인 1실이나 4인 1실의 기숙사를 사용하고 있는 마당에, 매출이나 이익규모에서 비교가 되지 않는 에버랜드가 1인 1실 기숙사를 운영하는 것에 대해 그룹 내에서도 과도한 투자가 아니냐는 지적이 많았다.

물론 그렇게 생각하는 것도 무리는 아니었다. 국민소득 8천 달러 수준이었던 당시로서는 충분히 문제를 제기할 수 있는 부분이다. 하지만 언제까지 국민소득 1만 달러만 바라보고 살 것인가. 나는 에버랜드가 제대로 정착하려면 국민소득 2만 달러 이상의 나라에 어울리는 21세기형 리조트를 만들어야 한다고 생각했다.

1인 1실 기숙사가 과투자라고 하는 지적은 서비스에 대한 본질을 제대로 모르고 있기 때문에 할 수 있는 이야기다. 에버랜드가 세계 최고의 테마파크가 되려면 고객에게 꿈과 희망을 심어 줄 수 있어야 한다. 그리고 그 핵심적인 역할을 맡아 줄 사람이 바로 에버랜드 직원인 '캐스트'들이다. 최고의 서비스를 선보이려면 실제로 서비스를 제공하는 직원들에게 최고의 대접을 해 주어야 하는 것은 정말 당연한 일이 아닌가.

고객에게 제공되는 서비스는 직원들의 컨디션이나 응대방식에 의해 크게 좌우된다. 항상 고객을 대해야 하는 직원들은 다른 사람을 의식하거나 방해받지 않는 자신만의 공간에서 대인관계로 인해 쌓인 피로를 풀 수 있어야 한다.

회사가 당연히 관리해야 할 사항을 직원 개인에게 떠넘기는 것은 직무유기이자 고객 불만을 쌓는 지름길일 뿐이다.

행복한 직원들이 고객을 행복하게 한다

서비스업은 처음부터 끝까지 사람을 대하는 일이다. 좋은 제품을 만들기 위해서 생산라인을 항상 최상의 상태로 유지하듯이 서비스업에서는 서비스 품질을 높이기 위해 서비스를 제공하는 직원들의 컨디션을 철저히 관리해야 하는 것이 필수다.

진심에서 우러나지 않는 서비스로는 결코 고객에게 꿈과 환상을 심어 줄 수 없다. 불편하고 열악한 환경에서 생활하면서 고객들에게 억지로 미소를 보이는 직원들이 고객들에게 최고의 서비스를 제공할 수는 없는 일이다.

직원들이 행복해야 진심에서 우러나오는 고객 서비스를 펼칠 수 있다. 그래서 고객 서비스의 품질을 높이기 위한 가장 중요한 요인 중 하나로 직원들에 대한 투자를 강화하기로 결정한 것이다.

결국 반대의견들을 설득하기 위해 직접 세계 여러 나라의 테마파크를 수차례 견학하고 와서 만든 보고서를 내보이며, 선진 테마파크의 경우 기숙사가 없는 곳이라면 몰라도 있는 경우에는 모두 1인 1실을 사용하고 있다는 사실을 적극적으로 설명하면서 나의 주장을 관철시켰다.

그리고 용인이라는 지역적인 특수성도 고려했다. 기숙사를 차별화하지 않고서는 서울이나 근교에 있는 테마파크에 비해 거리적인 면에서 열세에 있는 에버랜드가 고급인력을 확충하는 데 어려움이 있을 것이 자명했다.

이러한 모든 상황을 종합해 볼 때 1인 1실은 기숙사를 만드는 데 있어 결코 양보할 수 없는 조건이었다.

직원들이 고향에 내려가지 않는 이유

캐스트 하우스가 문을 열자 가장 놀란 것은 그 시설을 이용하게 될 직원, 즉 캐스트들이었다. 처음 기숙사에 들어선 캐스트들은 얼떨떨한 반응을 보였다.

"아니, 이곳에 신발을 신고 들어가야 되는 거야, 벗고 들어가야 되는 거야?"

고급 카펫이 깔린 실내가 얼마나 깨끗했던지, 입구에서 신발을 벗어들고 맨발로 들어온 캐스트들도 꽤 많았다.

캐스트 하우스는 평소 직원들만 출입이 가능하도록 했지만, 매년 한 차례씩 직원들의 가족을 초대하여 자녀들이 생활하는 공간을 직접 보고 식당에서 함께 식사하면서 외지에서 살고 있는 자녀에 대한 걱정을 덜 수 있는 기회를 제공했다. 직원들도 가족이 캐스트 하우스에 다녀간 이후로는 걱정이 한결 줄어들어 편한 마음으로 직장생활을 하게 되었다는 반응을 보였다.

"네가 시골집에 자주 오지 않는 이유를 이제야 알겠구나."

어느 날 캐스트 하우스를 구경하던 한 직원의 어머니가 깨끗한 기숙사를 보고 한 마디 하는 바람에 자리에 있던 사람들이 모두 웃음을 터뜨리기도 했다.

캐스트 하우스는 직원들의 자랑거리일 뿐만 아니라, 에버랜드가 수준 높은 고객만족 서비스를 제공할 수 있도록 만든 숨은 비결 중 하나라고 할 수 있다.

호텔보다 더 좋은 호텔 기숙사

　　제주신라호텔을 오픈하면서 가장 신경을 쓴 부분도 바로 직원들의 숙소에 대한 고민이었다.

　처음 제주에 호텔을 열었을 때만 해도 인력 수급이 만만치 않았다. 제주도의 인구가 50만 명이 채 안 되었는데 그 가운데서 호텔에 근무할 인력을 구하는 것이 무척 어려웠다. 결국 부족한 인력을 육지에서 구해 올 수밖에 없었다.

　이미 영업을 하고 있는 제주도 내 다른 호텔들도 사정은 마찬가지였다. 게다가 다른 호텔들의 경우 외지 인력에 대한 배려가 전무한 실정이었다. 그러다 보니 외지의 고급인력들이 생활하기 불편한 제주도의 취업을 기피했고, 결과적으로 호텔 서비스 수준을 떨어뜨리는 원인이 되고 있었다.

　제주신라호텔이 명성을 손상시키지 않으면서 최고의 서비스를 제공할 수 있으려면 우수인력의 확보가 시급했다. 그리고 우수인력을 유치하려면 급여뿐만 아니라 최고 수준의 복지를 제공해야 한다는 결론에 도달했다.

　제주도에는 '신구간新舊間'이라는 독특한 풍습이 있다. 신구간이란 산과 바다, 마을과 가정, 목축과 농경을 관장해 오던 온갖 신들이 임무를 교대하는 기간, 즉 신관과 구관이 바뀌는 기간으로 대한大寒 5일 후부터 입춘立春 3일 전까지의 약 일주일이다. 양력으로는 1월말에서 2월초 정도의 시기다.

제주도에서는 집을 사고 팔거나 이사를 할 때 신구간 동안 해야 아무 탈이 없다고 알려져 있기 때문에 이 기간에 이사를 하는 전통과 풍습을 가지고 있다. 따라서 이 무렵에는 이사 대란이 벌어지기도 한다.

하지만 반대로 그 기간이 지나고 나면 이사 수요가 뚝 끊기기 때문에 그 후에 집을 구하는 것이 무척 어렵다. 육지에서 유능한 직원들을 힘들게 데려와도 연중에는 마땅한 사택社宅을 구하는 것도 여간 어려운 일이 아니었다.

어쩌다 방을 구할 수 있다고 해도 당시 서귀포에는 제대로 된 아파트가 없어 현장에 투입된 직원들은 거의 판잣집 수준의 셋방에서 생활해야 했다. 다른 호텔들의 경우 직원 숙소 시설은 좋은 편이었지만 도심과 거리가 상당히 떨어져 있어서 산간오지에서 유배생활을 하는 것과 마찬가지라는 불만의 소리가 높았다.

결국 투자비가 들더라도 직원의 주거문제를 획기적으로 해결해야만 고급인력을 유치할 수 있고 서비스 업그레이드도 가능할 것이라는 판단이 섰다.

즉시 서귀포 시내에서 가장 좋은 주거지에 부지를 구입하고 직원 아파트 건설에 착수하여 1989년 9월, 60세대의 최신식 아파트를 준공했으며, 시내 한가운데에 사원 기숙사도 건설했다.

호텔 개관을 3개월 앞둔 시점에서 이미 300명의 인원을 수용할 수 있는 기숙사가 호텔보다 먼저 완공되었다. 기숙사 준공식에 초대받은 서귀포시 인사들은 바다와 한라산이 보이는 훌륭한 시설뿐만 아니라 헬스클럽과 사우나 시설까지 완비되어 있는 호텔급 기숙사를 보고 놀라움을 금치 못했다. 기숙사가 아니라 일반 호텔로 운영해도 되겠다는 이야기도 나왔다.

이러한 복리후생시설은 직원 만족으로 연결되어 근무자세에 긍정적인 영향을 미쳤으며, 결과적으로 차질 없는 개관과 운영에 지대한 공헌을 할 수 있었다.

제주신라호텔이 독보적인 리조트 호텔로 자리매김한 데는 바로 이러한 호텔 못지않게 훌륭한 기숙사의 역할이 큰 힘이 되었다. 제주신라호텔의 기숙사는 지금도 호텔업에 종사하는 이들의 필수 견학 코스로 꼽히고 있다.

일하기 좋은
회사에
인재가 몰린다

고객보다 중요한 고객, 직원

삼성석유화학에 부임한 이후 직원 복지시설을 살펴보던 중 한 가지 문제점을 발견했다. 울산공장의 직원 헬스클럽이 설치되어 있는 건물에 샤워실이 없다는 점이었다. 샤워실은 헬스클럽과 좀 떨어진 다른 장소에 있었다.

운동을 하고 나면 반드시 샤워를 하는 것은 상식이다. 땀흘려 운동하고 나서 샤워를 할 수 없다면 운동하는 것 자체가 꺼려질 수밖에 없을 것이다. 헬스클럽 따로 샤워실 따로 되어 있는 직원 복지시설을 보고 진정으로 직원을 위한 시설이 아니라는 생각이 들었다. 그것을 이용하는 사람에 대한 배려가 전혀 엿보이지 않았기 때문이다.

내부 설문조사에서도 헬스클럽과 샤워실이 다른 건물에 따로 분리

되어 있어 불편하다는 의견이 많았다. 아무리 좋은 시설을 설치해 놓는다고 해도, 시설을 이용하는 사람을 배려하지 않는다면 그것은 빛 좋은 개살구에 불과할 뿐이다.

즉시 흩어져 있는 시설을 한 건물로 모으고, 샤워기만 설치되어 있던 직원용 목욕탕에도 냉탕, 온탕, 열탕 등을 갖춘 고급 호텔 수준의 사우나 시설로 바꾸었다.

사내 헬스클럽 모습

또 운동기구 몇 개가 전부이던 20평 규모의 헬스클럽을 70평 규모로 확장하고 각종 헬스 기구들을 새로 들여 놓은 후 '웰니스 클리닉'이라는 명패를 달았다. 헬스클럽을 찾아 스스로의 건강을 관리하는 직원들이 크게 늘어났음은 물론이다.

삼성석유화학 서산공장의 경우 직원 숫자가 적다는 이유로 자체 식당을 운영하지 않고 있었다. 그래서 점심시간이 되면 직원들이 공장 옆에 있는 삼성토탈 구내식당을 이용하고 있었다. 같은 그룹 계열사라고 하지만 점심 한 끼를 먹기 위해 다른 회사를 들락날락하는 것이 영 불편해 보였다.

직원 식당 문제를 해결하기 위해 고민한 끝에 공장 건물을 증축하면서 본사 직원은 물론 협력업체 직원들까지 이용할 수 있는 레스토랑급 구내식당을 만들었고 협력업체용 개별 숙소까지 새롭게 건설했다.

점심 한 끼 어디서 먹으면 어떠냐고 말할 사람도 있을 것이다. 하지만 집을 떠나서 하루 대부분을 보내는 직장에서 밥 한 끼를 편안하게 먹는 것은 무척 중요한 일이다.

기업이 쓸 수 있는 자원은 한정되어 있다. 가장 필요한 곳에 우선적으로 자원이 집중되는 것은 어쩔 수 없는 현상이다. 그러다 보니 고객을 위한 투자, 경영진을 위한 투자에 비해 일반직원들을 위한 투지는 늘 우선순위에서 밀려나는 경우를 많이 볼 수 있다.

나는 기업을 경영하면서 외부 고객보다 중요한 것이 내부 고객이라고 늘 생각해 왔다. 고객을 위한 투자에 앞서 직원을 위한 투자를 하는 것이 진정한 고객만족경영이다. 기업을 움직이는 것이 직원이라고 생각한다면 직원들을 위한 투자를 가장 우선순위에 두어야 하는 것은 당연한 일이다.

직원들의 의식주를 책임져라

직원들의 복지는 거창한 것이 아니다. 대외적인 홍보를 위한 요란한 행사나 눈요깃거리를 제공하는 이벤트도 아니다.

가장 기본적인 것은 의식주다. 직원들이 입는 옷, 먹는 음식, 일하는 공간을 제대로 갖추어 주면 된다. 삶의 기본이 의식주이듯 직원

만족도를 위한 기본도 역시 '의식주' 다.

앞에서 간단히 언급했지만 직원들의 유니폼을 하나 만들더라도 기능성뿐만 아니라 색상과 디자인에 상당히 많은 공을 들였다. 외부 고객을 대하는 일이 많은 기업일수록 잘 만들어진 유니폼이 고급스러운 가구나 비싼 그림으로 치장된 로비보다 더욱 중요하다는 사실을 명심해야 한다.

보기 좋은 유니폼은 단순히 외부사람의 눈길을 끌고 회사의 이미지를 좋게 하는 데 그치지 않는다. 유니폼의 효과는 생각 외로 강하다. 사람들이 좋은 옷을 입고 외출하면 저절로 기분이 좋아지고 외부의 시선을 당당히 받아들이게 되는 것처럼, 훌륭한 유니폼은 임직원으로 하여금 소속감과 함께 뿌듯한 자부심과 긍지를 느끼게 해 준다.

다음으로 직원들이 매일 이용하는 구내식당의 음식이 외부에서 온 손님에게도 대접할 수 있는 수준인지 살펴봐야 한다. 구내식당을 고급 뷔페처럼 화려하게 만들어야 한다는 의미가 아니다. 손님에게 내놓아도 부끄럽지 않을 정도가 되어야 한다는 뜻이다. 구내식당에서 제공되는 메뉴는 적어도 2~3가지 이상 다양하게 갖추는 것이 좋고, 무엇보다 영양이 풍부하고 위생적이어야 한다.

마지막으로 근무 공간이다. 직원들이 평상시에 일하는 공간, 더 나아가서는 회사에서 제공하는 숙소 등이 깨끗하고 쾌적해야 한다. 과거에는 미적인 감각이나 환경친화성에 대한 개념이 부족하다 보니 기업의 효율을 최우선으로 한 공간 조성이 이루어져 왔다.

하지만 쾌적한 환경은 임직원 모두가 함께 누려야 할 기본 조건이며, 실제로 애사심과 근무 분위기에도 큰 영향을 준다. 최근 세계의 많은 기업들이 'GWP Great Work Place' 라는 이름으로 일하기 좋은 일터 만들기에 적극 나서고 있는 것도 바로 이 때문이다.

식사 후 단 5분이라도 산책을 할 수 있는 공간을 갖추고, 나아가 사계절의 변화를 느낄 수 있는 시간과 공간을 제공하는 것이 필요하다. 쾌적한 환경은 사람의 마음을 차분하고 부드럽게 만들며, 결과적으로 생산성 향상에 크게 도움이 된다.

나는 고객에게 하는 것과 마찬가지로 직원들에게도 항시 맞춤 서비스를 제공해야 한다는 신념을 가지고 있다. 이것이 결코 인기 있는 CEO가 되기 위한 것이 아니다. 회사에 만족하는 직원은 누가 시키지 않아도 스스로 생산성 향상을 위한 전위대前衛隊 역할을 수행한다는 것을 알고 있기 때문이다.

타의에 의해 일을 하게 되면 성과가 60% 수준에 그치게 되지만, 자발적으로 일을 구상하고 문제점을 해결해 가며 추진하면 스스로도 놀랄 만큼의 결과를 얻게 된다.

열정을 가지고 일하는 사람만큼 회사의 생산성을 높이는 것은 없다. 사용자와 근로자가 끈끈한 정으로 반죽이 되면, 직원들은 자연스레 회사 발전의 원동력으로 거듭난다는 믿음을 가지고 경영에 임해 왔다. 그리고 아직 단 한 번도 이러한 신념이 무너지는 경험을 한 적이 없다.

보이지 않는 곳이
더 중요하다

호텔 같은 공장

　　　어떤 업종에서 어떤 분야의 일을 하든지 일하는 공간은 깨끗해야 한다. 그것이 나의 중요한 경영철학 중 하나다. 호텔이나 테마파크, 공장이라고 해서 다를 것은 없다.

　삼성석유화학에 처음 부임해서 공장 구석구석을 돌아볼 때의 일이다. 설비가 지저분하고 보온설비도 훼손되어 있고 바닥에 물이 떨어져 있는 곳이 많았다. 또 도색이 벗겨져 설비가 손상되어 있는 등 현장관리가 제대로 되어 있지 않았다.

　"사장님, 공장은 호텔이나 테마파크 같은 서비스 시설과는 다릅니다. 어떻게 공장이 호텔처럼 깔끔하게 관리될 수 있겠습니까?"

　공장의 청결에 대해서 끊임없이 지적을 하자, 많은 직원들이 마치

공장은 결코 깨끗해질 수 없는 공간이고 청결을 관리한다는 것이 불가능하다는 식의 반응을 보였다.

하지만 나는 직원들의 그런 생각을 결코 용납하지 않았다. 사업장이 공장이든 호텔이든 다를 것은 없다. 나는 사업장 구석구석을 '선면각곡간색'을 기본으로 해서 항상 정돈되고 청결한 상태를 유지하도록 줄기차게 독려했다.

사업장을 깨끗이 하는 것은 단순히 남에게 좋게 보이기 위한 활동이 결코 아니다. 청결을 유지하고 설비를 닦고 조이고 기름 치는 활동을 반복하다 보면 그것은 결국 공장설비의 트러블을 줄이는 결과를 낳게 된다. 청결한 작업환경에서 직원들의 업무 효율이 크게 높아짐은 물론이다.

초기만 해도 직원들은 내가 돌아다니면서 일일이 지적을 해야 보수하거나 개선하는 모습을 보였다. 개선해야 하는 이유를 잘 몰랐기 때문에 마지못해 억지로 하는 모습들이 많았다. 하지만 2년, 3년차가 되어 가자 직원들의 모습이 서서히 달라지는 것이 눈에 보이기 시작했다. 직원 한 사람 한 사람이 청결을 유지해야겠다는 의식을 갖게 된 것이다.

모든 직원들이 설비에 대한 청결 의식을 갖고 관리를 하니 그 효과는 다른 곳에서 나타났다. 공장이 깨끗해진 것은 다음 문제고 유지 보수를 해야 할 대상이 눈에 띄게 줄어들었다. 청결 유지와 사진점검을 통해 잠재적인 문제를 미리 해결함으로써 설비의 결함을 보수할 일이 사라진 것이다.

공원처럼 잘 꾸며진 서산공장의 모습

비록 내가 설비전문가는 아니지만 일에 대한 평범한 진리를 따르다 보니 설비관리의 궁극적인 목표를 달성할 수 있게 된 것이었다.

삼성석유화학 공장을 방문한 사람들은 세 번 놀란다. 우선 공원처럼 잘 꾸며진 조경에 놀라고, 둘째 깨끗한 사업장에 놀라며, 마지막으로 청결한 설비에 놀란다.

선면각곡간색과 청결 유지는 가장 평범하면서도 사람들의 마음을 움직일 수 있는 효율적인 경영수단이라고 믿고 있다.

사람은 환경에 따라 좌우된다

음식점에 가면 주방과 식사하는 공간이 대부분 멀찍이 떨어져 있는 경우가 많다. 그러다 보니 음식을 내오긴 하지만 과연 어떤 환경에서 음식이 만들어지는지 고객은 알 길이 없다.

고객이 식사를 하는 홀은 깨끗하지만 종업원들만 들어갈 수 있는 주방 공간은 지저분한 식당들도 많이 있다. 한두 번 고객을 속일 수는 있겠지만 영원히 속일 수는 없다. 그래서 주방의 한 면을 통유리창으로 만들거나 아예 중앙에 배치하여 고객들이 들여다볼 수 있게 해 놓은 식당들도 있다.

어느 백화점 식당가에는 주방에 CCTV를 설치하여 식사 중인 고객이 주방을 볼 수 있게 해 놓기도 했다. 고객에게 주방의 청결함을 자신 있게 내보일 수 있다는 의미이기도 하지만, 다른 면으로 보면 주방에서 근무하는 직원들 스스로에게 청결을 유지하기 위해 더 많은 노력을 기울이도록 하는 효과도 있다.

고객의 방문이 잦은 금융회사나 서비스 기업의 경우 고객이 머무는 공간은 특별히 신경 써서 꾸미고, 고객에게 노출되지 않고 직원들만 드나드는 공간에 대해서는 신경을 덜 기울이는 경우가 많다.

하지만 고객에게 드러나는 공간보다 눈에 띄지 않는 공간, 내부 직원들이 사용하는 공간을 보다 청결하게 유지하는 것이 중요하다. 깨끗한 환경과 합리적인 공간에서 일하는 직원들이 고객과의 관계에서 더 좋은 서비스를 제공할 수 있기 때문이다.

지저분한 공간에서 생활하면서 고객에게 청결한 서비스를 제공하기는 힘들다. 늘 파리가 날아다니는 식당에서 일하는 사람은 고객이 식사하는 도중에 파리가 날아다녀도 그것으로 인해 고객의 기분이 상할 수 있다는 것을 생각하지 못한다.

설령 고객이 불만을 표시하더라도 항상 그런 상황에 노출되어 있었기 때문에 대수롭지 않게 여길 수밖에 없다. 지저분한 공간에서 일하는 직원들은 청결하고 쾌적함을 원하는 고객의 요구에 제대로 부응하지 못할 뿐더러, 고객의 공간에서 개선점을 찾으려는 생각조차 하지 못하게 되는 것이다.

남의 눈에 잘 띄지 않는 곳의 위생 상태를 살펴보면 한 가정뿐만 아니라 기업의 상태가 어떠한지 바로 파악할 수 있다. 깨끗한 거리를 오가는 사람들은 쓰레기통을 찾아서 쓰레기를 버리지만, 지저분한 거리에서는 바닥에 슬쩍 버리는 경우가 많다. 그만큼 사람은 환경에 따라 쉽게 좌우되기 때문에 직원을 긍정적인 방향으로 이끌 수 있는 물리적인 환경과 심리적인 환경을 조성하는 데 힘을 기울여야 한다.

대졸 신입사원, 업무는 청소부터

에버랜드에서는 하얀 유니폼에 모자를 쓰고 곳곳을 다니며 휴지나 담배꽁초를 치우고 위생을 관리하는 직원을 '그린 키퍼 Green Keeper' 라고 부른다.

그린 키퍼 업무를 전담하는 직원이 따로 있기는 하지만, 새로 입사한 사원들은 모두 입문 교육을 마치고 2주 동안 그린 키퍼로 근무하도록 했다. 청소를 하면서 테마파크 내부 구조와 시설을 익히는 오리엔테이션 기간이자, 청결을 생활화하겠다는 마음가짐을 다지는 기간이기도 하다.

처음 이 제도를 도입했을 때 인사팀에서 대졸 사원에게 청소를 시키다가 노사 갈등이라도 생기지 않을까 하는 우려를 나타냈다. 하지만 나의 생각은 달랐다. 주변을 정리하고 치우는 일은 결코 허드렛일이 아니다. 에버랜드에서는 임원들도 현장 청소를 하고 있다.

조상으로부터 물려받은 금수강산 곳곳에 쓰레기가 널려 있는 현실을 생각해 보자. 얼마나 안타깝고 부끄러운 일인가. 유치원에서부터 공중도덕을 배웠을 텐데도 현 상황이 이렇다면, 배운 사람들이 누구보다 먼저 솔선수범해야 하지 않을까.

청결이 곧 인격이다

회사에서도 교육을 통해 '청결의 인격화', 즉 청결을 지키는 것이 나의 인격을 보여 주는 일이라는 인식을 심어 지역사회와 국가에 새로운 문화를 정착시켜야 할 의무가 있다.

현장에서 그린 키퍼로 근무하게 된 신입사원들은 처음에는 어색하고 창피한 마음에 고객 앞에 서 있는 것조차 힘들었다고 고백했다.

하지만 시간이 지나면서 항상 청결함을 유지하고 있는 에버랜드의 현장을 보며 놀라움을 느꼈고, 자신이 하는 일에 보람이 생겼다고 했다.

간혹 쓰레기를 아무 데나 버리는 고객을 볼 때면 과거에 무의식적으로, 혹은 귀찮다는 이유로 똑같이 행동했던 자신의 모습이 떠올라 부끄러운 생각이 들었다는 소감을 밝힌 직원들도 있었다.

신입사원뿐 아니라 에버랜드 임직원 모두 이러한 청결의 생활화가 몸에 익다 보니, 밖에 나가서도 스스럼없이 휴지나 담배꽁초를 주워 쓰레기통에 버리게 되었고, 자연스레 자녀들에게도 모범이 되는 것 같아 뿌듯하다는 직원들도 많았다.

나의 바람은 직원들과 그 가족들이 에버랜드에서 뿐만 아니라 대한민국의 그린 키퍼로 거듭나는 것이다. 단순히 버려진 것을 치우는 사람에 머무르지 않고, 버리지 않아야 할 장소를 가릴 줄 아는 최고의 그린 키퍼가 되어 주었으면 한다.

물론 사람이 사는 곳에 쓰레기가 발생하는 것은 불가피한 일이지만, 버려야 할 곳과 버리지 말아야 할 곳을 구분하는 분별력은 갖춰야 하지 않겠는가. 그것이 그 조직, 그 나라, 그 국민의 문화수준이기 때문이다.

전 국민을 위한
서비스 '메카' 탄생

서비스 없는 시설은 고철덩어리

에버랜드를 월드 클래스 테마파트로 발전시키기 위해 과감하게 브랜드와 콘셉트를 바꾸고 규모를 키웠으며, 캐리비안 베이라는 초대형 워터파크를 도입했다. 하지만 시설이나 설비투자보다 더욱 중요하게 생각한 것은 따로 있었다.

바로 직원들의 의식 변화가 그것이다. 서비스업은 기본적으로 사람이 사람을 대하는 사업이다. 아무리 뛰어난 시설과 설비를 갖췄다고 해도 사람이 서비스를 제대로 제공하지 못하면 화려한 설비와 시설들은 차가운 고철덩어리에 불과할 뿐이다.

또한 서비스라는 것이 제조업의 생산라인에서 붕어빵 찍어 내듯 하루아침에 똑같이 찍어 낼 수 있는 것이 아니다. 일정 시간의 교육과 훈련이 필요하다. 진정한 서비스가 이루어지기 위해서는 직원 한 사람 한 사람의 마음으로부터 우러나오는 변화가 뒷받침되어야 한다.

그렇게 하려면 장기적이고 꾸준한 교육이 절실히 필요하다. 기존 직원들에 대해서는 철저한 서비스 마인드에 대한 교육이 급선무였지만, 신입사원들에게는 대인관계의 매너와 에티켓 그리고 상대방에 대한 관심, 배려, 칭찬, 격려 같은 쌍방향 커뮤니케이션에 대한 교육이 필요했다.

대부분의 직원들이 가정이나 학교, 사회 그 어느 곳에서도 이런 교육을 받은 적이 없다. 이 책을 읽고 있는 독자들도 마찬가지일 것이다. 우리 모두 어디에서도 그런 것을 배울 기회를 갖지 못했다.

좋은 습관을 생활화하면 그것이 곧 그 사람의 인격 변화로 나타난다. 에버랜드의 성공 못지않게 중요한 것은 그것을 운영하는 직원들의 성장이라고 생각했다.

전 국민을 대상으로 한 서비스 교육

이러한 목표를 달성하려면 반드시 필요하다는 생각으로 '서비스 아카데미'에 대한 구상에 들어갔다. 서비스에 대해 본격적으로 검토하고 연구하는 한편, 그 열매를 고객들에게 제공하기 위해서는 가르칠 수 있는 공간과 교재, 그리고 가르쳐 줄 수 있는 강사진이 필요했다.

출발은 정말로 미미했다. 처음에는 용인 에버랜드 내 사무실 지하 공간 일부를 개보수하여 '서비스 아카데미'라는 간판을 내걸고 조촐하게 시작했다. '서비스 아카데미'라는 이름부터 생소하게 느낀 직원들도 많았다. 전문 강사가 부족했기 때문에 초기에 진행된 상당수의 강의는 내가 직접 맡아서 진행하기도 했다.

의욕이 쌓이면 의지가 되고, 의지가 굳어지면 열정이 된다. 철저한 교육 없이 양질의 서비스를 기대할 수 없다는 신념으로 첫째도 훈련, 둘째도 훈련, 셋째도 훈련이라는 생각으로 교육에 열과 성을 다했다.

강도 높은 교육이 1년 가까이 반복되다 보니 조금씩 변화가 감지되기 시작했다. 1차산업 마인드에 머물러 있던 직원들의 서비스 마인드가 변화하기 시작했으며, 이와 함께 에버랜드의 서비스 수준이 몰라보게 향상되었다.

여러 회사에서 에버랜드의 서비스 비결을 배우기 위해 벤치마킹을 문의해 올 정도가 되었으며, 심지어 직원들을 대상으로 한 교육 의뢰가 쇄도하기까지 했다.

'서비스 아카데미'가 성공적으로 뿌리를 내리자 새로운 생각을 갖게 되었다. 에버랜드를 찾아오는 손님에게만 이런 서비스를 제공할 것이 아니라 지역사회, 나아가 4천7백만 전 국민에게 서비스 교육 기회를 제공하여 선진국민의 품위와 품격을 갖출 수 있도록 일조해야겠다는 사명감을 갖게 되었다.

그리하여 1999년 12월 독립된 건물, 아름다운 조경을 갖춘 현재의 장소로 서비스 아카데미를 이전하여 전 국민을 대상으로 한 서비스 교육, 국내 최고의 서비스 제공을 목표로 하는 서비스 실천운동을 본격화했다. 개인적으로 포항제철, SK텔레콤, 삼성전자, 교보생명 ,신한은행, 삼성서울병원, 현대아산병원, 세브란스병원 등 여러 기업에 출강하여 교육을 하는 한편, 직원들을 다시 서비스 아카데미에 입소시켜 심화교육을 받도록 했다.

경제는 뒤져도 서비스는 질 수 없다

2002년 한일 월드컵이 열리기 전의 일이다. 한국과 일본에서 동시에 월드컵이 개최된다는 보도를 듣고, 나는 에버랜드 임직원들을 모아 놓고 이렇게 말했다.

"2002년까지 우리 경제력이 일본과 같아지거나 더 향상된다는 것은 불가능한 일일 겁니다. 하지만 우리나라를 찾는 일본인을 포함한 외국인에게 매너와 에티켓과 품위만이라도 일본에 뒤지지 않도록 우리가 선도적 역할을 해 나갑시다."

경제력은 일본에 한참 뒤질지 모르지만 서비스만큼은 일본에 뒤지고 싶지 않았다. 아니, 일본이 아니라 그 어떤 나라에도 뒤지고 싶지 않았다. 이것이 평생 서비스 전도사로 살아온 내 진정한 마음이자, 지금까지도 변하지 않는 굳은 의지이기도 하다.

친절, 청결, 질서의 구호를 월드컵 추진 문화시민협의회와 공동으로 추진하게 되었던 것도 에버랜드의 위상과 서비스 아카데미 강사진들의 남다른 노력과 열정 덕분이었다.

직원들의 의식 전환과 서비스 교육을 위해 설립한 '서비스 아카데미'는 설립 초기에는 이름조차 생소한 존재였지만, 지금은 에버랜드 직원뿐만 아니라 전국의 수많은 직장인과 일반시민들에게 제공하는 서비스 교육의 산실로 당당히 그 역할을 수행하고 있다.

2002년까지 35만 명 서비스 교육 이수

처음 '서비스 아카데미'를 만든 1994년부터 2002년까지 35만 명의 외부 인력들이 서비스 아카데미를 통해 교육을 받았다. 이 가운데는 감사원, 국세청, 한국통신, 한국전력, KOTRA, 국립암센터 등 정부 공공기관과 공기업에서부터 포스코, 제일제당, SK텔레콤 등 대기업, 한미은행, 국민은행, 주택은행, 조흥은행, 시티은행, 기업은행 등 금융기관, 서울대병원, 서울중앙병원 등 의료기관, 신세계백화점, LG유통, 조선호텔, 하얏트호텔 등 서비스업에 이르기까지 850여 개의 기업과 단체가 포함되어 있었다.

'서비스 아카데미'의 성공적인 정착과 지속적인 성장은 월드 클래스 테마파크로 성장한 에버랜드의 성장 이상으로 기쁘고 뿌듯한 일로 기억하고 있다.

많은 기업들이 새로운 제품이나 서비스를 개발하기 위해 막대한 비용을 투자하고 있다. 또 세계 어느 곳에 내놓아도 손색이 없는 건물과

시설들도 많이 늘어나고 있다. 하지만 정작 가장 중요한 것을 잊고 있다고 느낄 때가 많다. 바로 사람에 대한 교육, 그리고 사람에 대한 투자다. 이것은 화려한 건물이나 매력적인 포장보다 훨씬 중요한 일이다.

산에 나무를 심듯이 멀리 보고 장기적인 관점에서 꾸준히 이어 나가야 한다. 에버랜드가 세계 5대 월드 테마파크로 성장할 수 있었던 힘도 바로 '서비스 아카데미'를 통해서 끊임없이 공급해 온 우수한 서비스 인력들이 바탕이 되었기 때문이다. 우수한 인력 없는 서비스란 사상누각과도 같다.

일반기업 대상 친절서비스 교육

연 도	내 용	교육인원
1994년	한국통신, 우방랜드, 한화국토개발 외 18개사	3,640명
1995년	고려증권, 조선호텔, 한국콘도 외 20개사	7,311명
1996년	SK텔레콤, 하얏트호텔, 제일제당 외 31개사	9,074명
1997년	KDTRA, 한미은행, 국민은행, CJ39쇼핑 외 29개사	15,819명
1998년	MBC, CITI 뱅크, 한국능률협회, 한솔, 데이콤 외 113개사	30,958명
1999년	한국전력, 조흥은행, 대우전자, 주택은행 외 152개사	49,303명
2000년	대만 창이그룹, 신세계백화점, POSCO, LG유통 외 165개사	84,185명
2001년	서울대병원, 교보생명, 국세청, 서울중앙병원, SK증권 외 167개사	86,040명
2002년	감사원, 국립암센터, KTF, 기업은행, 조선일보 외 159개사	63,282명
계		349,612명

※ 국제화교육 협력기관 협정(고려대, 계명대 FISEP)

공기업 대상 친절서비스 교육

구 분	주요 공기업
중앙정부	행정자치부, 대법원, 서울지방법원, 검찰청, 경찰청, 국세청, 관세청, 철도청
서울특별시	서울시청, 강남구청, 서초구청, 종로구청, 광진구청, 양천구청, 관악구청
부산광역시	부산 진구청, 영도구청, 연제구청, 동래구청, 부산교육청
인천광역시	인천 남구청, 연수구청, 계양구청
경기도	경기도청, 성남, 용인, 안산, 안성, 하남, 광명, 화성, 부천, 오산, 안양
강원도	원주시청, 철원군청
경상북도	경북도청, 상주시청, 역주시청, 고령군천, 예천군청, 봉화고칭, 울진군청
경삼남도	기장군청
전라북도	부안군청, 무주군청, 전북교육청
전라남도	목표시청, 해남군청, 무안군청, 장성군청
충청남도	아산시청, 금산군청
제주도	서귀포시청, 제주도청, 제주남군청

고객만족경영 성공법칙

1. 5대 고객을 만족시켜라

삼성석유화학은 고객을 내부 고객, 외부 고객, 협력사 고객, 지역사회 고객, 주주 고객 등 5대 고객으로 정의하고 이들에 대한 만족활동을 펼치고 있다.

2. 가장 중요한 고객은 직원이다

5대 고객 중 가장 중요한 고객은 내부 고객, 즉 직원이다. 직원이 만족하지 못하면 어떤 고객도 만족시킬 수 없다.

3. 제품과 서비스를 함께 팔아라

품질 좋은 제품만으로 경쟁하던 시대는 지났다. 프로덕트Product를 파는 것이 아니라 프로덕트에 서비스Service를 결합시킨 '프로비스Provise'를 팔아야 한다.

4. 전 사원이 마케터가 되라

이제 마케팅은 한 팀의 전유물이 아니다. 생산에서 연구, 회계, 관리 등 어느 분야 담당자라도 스스로 마케터가 되어 현장에 나가야 한다.

5. 구매도 마케팅이다

물건을 파는 것만이 마케팅이 아니다. 물건을 구매하는 것도 마케팅이다.

6. 고객은 왕이 아니라 파트너다

고객을 왕으로 생각하는 일방적인 마케팅은 통하지 않는다. B2B 기업에서 고객은 무조건 떠받들어야 하는 존재가 아니라 함께 공존하고 가치를 공유하는 파트너이자 협력자다.

현장의 힘으로
이룬 지식경영

하루하루 전력을 다하지 않고는 그날의 보람이 없을 것이며
동시에 최후의 목표에도 도달하지 못할 것이다.
　-괴테

문제도 현장
해답도 현장

불시에 현장을 찾아가다

삼성석유화학은 울산과 서산에 공장을 두고 있으면서 주요 경영진은 대부분 서울사무소에서 일하고 있다. 조직이 분산되어 있다 보니 매일매일 현장에서 직원들의 얼굴을 마주 대하지 못한다는 어려움이 있었다.

나는 이런 어려움을 해소하기 위해 수시로 '암행시찰'을 하곤 했다. 호텔신라나 에버랜드의 경우 오랜 시간 함께 해 온 직원들은 나의 '암행시찰'에 대해 잘 알고 있었으므로 현장에서 만나도 놀라거나 당황하는 일이 별로 없었다.

하지만 이런 것에 익숙하지 않았던 삼성석유화학 직원들은 부임 초기 갑작스러운 나의 방문에 혼비백산한 적이 있었다. 자동차를 두고 대중교통을 이용하여 직접 공장을 찾아가거나, 아니면 다른 일을 보기 위해 외출했다가 기사에게 현장으로 내려가자고 하는 식이었다. 교통수단이 어떤 것이든 간에 사전예고 없는 현장 방문이라는 점은 똑같았다.

갑작스러운 현장 방문은 물론 직원들을 놀라게 하거나 나무라기 위한 것은 아니었다. 개인적으로는 현장에 대한 감각을 잃어버리지 않기 위한 것이었고, 직원들에게는 누가 보지 않더라도 스스로 혁신 활동에 매진해 달라는 CEO의 메시지를 전달하고 싶었던 것이다.

근무복이 가장 잘 어울리는 CEO

사람들은 CEO라는 말을 들으면 커다란 책상 앞에 놓인 푹신한 의자에 앉아 몽블랑 만년필로 멋지게 결재서류에 사인하는 모습을 떠올린다. 하지만 나는 멋진 만년필이나 커다란 책상보다 직원들과 같은 근무복을 입고 항상 현장에 있는 CEO의 모습으로 기억되고 싶었다. 호텔신라에 있을 때도 그랬고, 에버랜드에서도 그랬다. 삼성석유화학의 혁신 활동이 일정 궤도에 오르고 난 후에도 늘 현장에 있었다.

언제나 현장 가까이 있는 것은 CEO 자신을 위해서 매우 중요하다. 현장을 모르는 CEO는 주변의 말에 쉽게 흔들릴 수도 있고, 상황을 제대로 파악하지 못하면 올바른 판단을 내릴 수 없기 때문이다.

현장에서 근무복을 입고 일하는 CEO의 모습

CEO란 결정을 내리는 사람이다. 그것도 회사의 생존에 가장 중요한 결정을 내리는 사람이다. 올바른 판단으로 정확한 결정을 내리기 위해서는 현장 상황을 제대로 알고 있는 것이 필수적이다. 조금 더 심하게 말하자면, 현장을 모르는 CEO는 서류에 사인이나 하는 꼭두각시로 전락할 수도 있다.

시중에는 하루가 멀다 하고 수많은 경영서와 리더십에 관한 책이 쏟아져 나오고 있다. 하지만 아무리 좋은 경영 이론이나 리더십 이론이라고 해도 현장에서 직접 적용하지 않으면 그것은 말 그대로 이론에 불과한 것이다.

경영은 머리로 하는 것이 아니라 몸으로 하는 것이다. 중요한 것은 경영 이론이 아니라 이론의 '현장화'다. 이는 리더가 현장을 얼마나 잘 이해하고 있는지, 그리고 이론 중 어떤 것을 취사선택해서 적용하는지에 따라 크게 달라질 수밖에 없다.

요즘 유행한다는, 혹은 각광받는다는 경영 이론에 혹해서 사무실에 앉아 직원들에게 필독서로 읽히고 책에 나온 기법 몇 가지를 적용해본다 한들 그 효과가 얼마나 크겠는가. 뛰어난 리더는 좋지 않은 경영 이론을 가지고도 현장에 맞게 적용해서 진일보시키지만, 역량이 부족한 리더는 훌륭한 경영 이론을 가지고도 오히려 현장의 생산성을 저하시킨다.

현장에 맞는 이론을 도입한 이후에는 지속적인 실천으로 직원들의 몸과 마음에 이론이 스며들 수 있도록 습관화하는 과정이 중요하다. 현장의 작은 습관 하나라도 좋은 영향을 미치는 것을 찾아서 뿌리를 내리게 하면 그것이 바로 훌륭한 성과 창출을 이루는 성공공식이 되는 것이다.

아무리 훌륭한 방식이라도 현장에서 제대로 실천하지 않으면 실패에 그칠 뿐이다. 새로운 경영기법을 도입하거나 유명한 컨설팅 업체로부터 경영 컨설팅을 받으면 모든 문제가 해결될 것이라는 착각에서 벗어나 현장을 먼저 살펴봐야 한다.

현장은 수익이 샘솟는 샘물

현장에 돈이 있다. 현장은 현재 수익원이면서 동시에 새로운 수익의 샘물이 솟아나오는 곳이기도 하다. 현장에는 유무형의 지식이 흘러다니지만, 대부분의 경우 지식이나 노하우가 직원 개개인의 머릿속에 머물러 있다. 대외적으로 '지식'이라 부를 만큼 대단한 것이 아니라고 여기기 때문이다.

사람들은 기술개발을 이야기할 때 세상에 없는 원천기술을 생각한다. 물론 원천기술을 개발할 수만 있다면 그것만큼 좋은 일은 없다. 하지만 기존 기술을 한 단계 발전시킨 생산기술이나 환경안전기술도 중요한 가치를 지닌다.

지식경영은 바로 이러한 현장의 지식을 보다 적극적으로 활용하기 위한 경영전략이라고 할 수 있다. 훌륭한 지식들은 현장 상황을 분석하고 개선하는 내용을 담고 있는 경우가 많다. 듣지도 보지도 못한 새로운 기술이나 지식이 아니라 모두 알고 있던 것에서 시작하는 것이다.

문제가 생기는 곳도 현장이고, 문제가 해결되는 곳도 결국 현장이다. 이것이 바로 현장의 힘이다. 현장을 모르는 CEO가 세우는 목표는 공허하며, 결과적으로 어떠한 성과 창출도 불가능하다.

모이면
더 커지는
지식의 힘

꽁꽁 숨겨 둔 '비법'을 찾아내라

지식을 자산화하기 위해서는 모든 직원들이 가지고 있는 노하우를 끄집어내는 것이 중요하다. 하지만 생산 현장에서는 개인들이 가지고 있는 지식이 곧 그 사람의 전문성을 나타내는 기준이 되기도 한다. 그렇기 때문에 개인들이 가지고 있는 지식을 선뜻 꺼내 놓으려 하지 않는 경우를 많이 볼 수 있다.

당연히 지식을 자산화하는 과정에서 직원들의 반발도 거셌다. 자신만 알고 있는 '비법'을 모든 사람에게 공개하는 것에 대해 거부감을 갖고 있었던 것이다. 회사에 들어와서 오랫동안 노력을 기울여 자신만의 업무 노하우를 쌓아 온 사람들의 입장을 무시할 수는 없다. 그 모든 것은 개인적인 노력을 통해서 얻어진 것들이기 때문이다.

한편으로는 특별히 자산화할 지식이 없다며 회사의 정책에 적극 호응하지 않는 직원들도 많았다. 있어도 문제, 없어도 문제였다. 하지만 나는 직원들의 그런 반발을 마주할 때마다 단 하나의 논리로 그 벽을 넘어설 수 있었다.

"회사에서 일을 하면서 얻게 된 지식은 결코 개인의 소유가 아니라, 회사와 직원 모두가 공유해야 할 공통의 지식입니다."

이것은 매우 중요한 논리다. 회사에서 월급을 받고 일하면서 얻은 지식은 결코 개인 혼자만의 것이 아니다. 조직 전체는 물론 개인 한 사람 한 사람을 놓고 볼 때도 결코 바람직하지 않다. 내가 가지고 있는 한 가지의 지식을 내놓지만 더 많은 지식을 새롭게 습득할 수 있는 기회도 되기 때문이다.

지식을 내놓으면 더 큰 지식을 얻을 수 있다. 그것이 바로 공유함으로써 얻게 되는 힘이기도 하다. 조금만 관심을 갖고 우리 주변을 돌아보면 알 수 있다. 도자기를 비롯해서 우수한 우리 전통 기술들 중 상당수가 바로 원활한 정보의 공유와 축적이 없었기 때문에 사라지는 비운을 맞기도 했다.

그런 논리를 앞세워서 업무상 알게 된 모든 지식을 자산화할 수 있도록 직원들을 설득해 나갔다. 지식경영을 도입하고 지식자산화 작업을 본격적으로 추진하자, 막상 자산화할 만한 지식이 없다던 사람들도 새로운 지식을 만드는 데 열정적으로 참여하게 되었다. 지식자산화 작업을 통해 업무 효율을 크게 향상시킬 수 있다는 것을 스스로 깨닫게 되었던 것이다.

업무 프로세스와 기술 노하우를 정립함으로써 기술 전수와 공유가 가능하게 된 것도 빼놓을 수 없다. 지식경영 시스템 구축은 조직 내의 모든 정보를 한곳으로 모으고 그것을 분석해서 활용할 수 있도록 하는 데 큰 도움을 주었다.

지식자산화 작업은 단순히 기존의 지식을 가공해서 문서로 만드는 작업만을 의미하는 것은 아니었다. 새로운 지식을 끊임없이 발굴하는 것도 포함되어 있었다. 이미 알고 있던 지식을 체계화하는 데 머무르지 않고 새로운 지식을 발굴해서 전사적으로 공유함으로써 회사 전체의 지식 수준도 크게 높아졌다.

지식들이 체계화되면서 업무 효율이 높아진 것을 직원들 스스로 느낄 수 있게 되었다. 부서 이동 등을 통해 새로운 업무를 맡게 되더라도 체계화된 지식을 통해 업무를 파악하게 됨으로써 누가 새로운 업무를 맡더라도 업무를 수행하는 데 큰 문제가 없게 되었다. 기업 경영의 효율이 크게 높아진 것이다.

1인 1특허 갖기 운동

삼성석유화학에 있을 당시 1인 1특허 갖기 운동을 적극적으로 전개한 경험이 있다. 모든 직원이 하나씩 특허를 출원하자는 운동이다. 물론 특허를 출원한다는 것이 결코 만만한 일은 아니었다. 더구나 전 직원이 하나씩 특허를 갖는다는 것은 불가능에 가까운 일이었을지도 모른다.

하지만 이런 캠페인을 통해 지식정보에 대한 중요성을 직원들에게 각인시켜 주고 싶었다. 이를테면 지식의 중요성을 강조하기 위한 상징적인 캠페인이라고 할 수 있다.

그래도 그 효과는 생각보다 훨씬 컸다. 이를 계기로 직원들이 지적 재산권에 대해 새로운 시각을 갖게 되었기 때문이다.

처음 1인 1특허 갖기 운동을 시작할 때만 해도 직원들은 특허라는 것이 자신과는 아무 상관이 없는 남의 이야기 정도로 여기는 경향이 강했다. 실제로 특허라고 하면 연구소 같은 전문기관과 관련된 일이라고 생각하는 사람이 많다. 현장에서 사용되고 있는 뛰어난 기술의 가치를 제대로 알지 못한 것이다.

좋은 기술을 갖고 있어도 정작 그것이 좋은 기술인지 모르는 경우도 많았으며, 이 때문에 훌륭한 기술들이 제대로 활용되지 못하고 사장되는 경우도 많았다.

특허 될 만한 기술들을 찾아라

우선 이미 가지고 있는 기술 중에서 당장 특허가 될 수 있는 기술들을 찾아냈다. 그리고 조직 내부에서 가지고 있는 기술 중 특허감을 이 잡듯이 찾아내는 작업에 들어갔다.

이 작업에 유용하게 활용된 작업방식이 바로 '특허맵'이다. 사내의 모든 기술을 꺼내 나열한 다음 분야별 · 활용도별로 체계적으로 정리한 것이다.

그렇게 기술을 꺼내 놓고 보니 직원들이 잘 몰랐던 기술들을 새롭게 발견할 수 있었다. 특허맵을 통해 특허출원이 가능한 기술들을 뽑아내고 그 기술들에 대한 보완작업을 통해 차례대로 특허출원 작업에 나섰다.

특허감 기술은 반드시 제품 생산 공정에서만 나오라는 법은 없다. 기술 분야와 전혀 관계 없는 일반 사무직원들도 특허에 관심을 갖고 직접 특허를 출원할 수 있도록 관련 인프라를 구축했다.

특허에 대한 직원들의 관심을 높이기 위해 변리사를 회사로 초청, 지적재산권의 중요성과 특허 출원 방법 등에 대해 교육을 실시했으며 특허와 관련된 다양한 워크숍을 갖기도 했다.

또 특허와 관련된 정보를 공유하고 아이디어를 발전시킬 수 있도록 특허 관련 커뮤니티인 특허 만들기 CoPCommunity of Practice도 운영했다. 특허 만들기 CoP는 발명에 대한 전략이나 사례는 물론 발명명세서 등을 등록해서 공유함으로써 아이디어를 확장시키는 장으로 활용

CoP

기존의 분임조 활동과 유사한 학습조직을 의미한다. 이 말은 Wenger&Lave의 저서 "Situated Learning"(1991)에 처음 사용되면서 알려지게 되었다. 이 책에서는 공통된 목표를 달성하기 위해 공통 관심사에 대한 경험 및 정보를 공유, 교환하는 일단의 사람들로 구성된 비공식적인 모임으로 정의하고 있다.

되었다.

이러한 활동을 통해 수십 건의 특허가 실제로 등록되었고, 특허출원을 통해 등록을 대기하고 있는 기술들도 상당수에 달했다. 이렇게 해서 만들어진 특허들은 개인은 물론 회사 입장에서도 매우 소중한 자산이 되었다.

앞으로도 삼성석유화학이 가지고 있는 기술 역량을 지적재산권으로 전환시켜 미래에 펼쳐질 지식산업의 중요한 자산이 될 것으로 기대하고 있다. 또한 참여하는 직원들의 창의성을 자극하고 새로운 문제에 대한 도전의식을 고조하여 개인의 역량을 향상시키는 방향으로 지속적으로 전개될 것이다.

현장 지식이
곧 돈이다

에버랜드를 수출하다

에버랜드는 우리나라 대표적인 테마파크로 많은 국민이
애용하는 시설이다. 하지만 휴대전화나 텔레비전처럼 외화를 벌어들
이는 수출 품목은 아니다. 게다가 아직까지 다른 나라로 진출한 사례
도 전무하다.

그런데 에버랜드가 테마파크 사업을 통해 해외로부터 종종 '달러'
를 벌어들이고 있다. 에버랜드가 해외시장에서 돈을 벌어들이고 있다
는 사실을 아는 사람은 아마 별로 없을 것이다.

내가 재직하고 있을 당시 에버랜드는 대만에 테마파크 노하우를 수
출하여 약 280만 달러를 벌어들였다. 값비싼 놀이기구나 장비 하나 판
매하지 않고 순전히 경영 노하우만으로 벌어들인 돈이다.

대표적인 서비스 업종인 호텔이나 백화점 등이 외국에 비싼 로열티를 주고 관리 기술을 도입하고 있는 현실을 감안하면 참으로 놀라운 성과라고 할 수 있다.

대만에서 테마파크 사업을 하고 있는 창이長億그룹은 도쿄 디즈니랜드로부터 노하우를 전수받기 위해 일본을 방문한 적이 있다. 그리고 대만으로 돌아가는 길에 구경삼아 에버랜드에도 잠시 들렀었다.

당시 출장을 왔던 창이그룹 관계자가 에버랜드를 꼼꼼히 살펴보고 난 후 깊은 인상을 받은 모양이었다. 도쿄 디즈니랜드는 '디즈니랜드' 라는 브랜드 때문에 다양하고 화려한 캐릭터를 많이 보유하고 있으며 그것이 디즈니랜드 인기의 기반이 되고 있다.

하지만 그 캐릭터를 떼어 놓고 순수한 테마파크 운영 노하우만을 보면 상황이 달라진다. 운영 노하우만 봤을 때는 에버랜드가 오히려 나아 보였던 것이다. 창이그룹 측에서는 그 후 두 번이나 소리 소문 없이 에버랜드를 다녀간 것으로 알려졌다. 그리고 결국 세 번째 방문을 앞두고 공식적으로 우리 측에 한 가지 제안을 해 왔다. 그들의 제안은 놀랄 만한 것이었다.

"로열티는 달라는 대로 줄 테니 에버랜드의 경영 노하우와 기술을 전수해 주십시오."

결국 에버랜드는 창이그룹과 계약을 맺었으며 경영 노하우를 대만에 수출하게 되었다.

에버랜드는 테마파크 회사가 아니다?

에버랜드는 국내 최고의 테마파크다. 대부분의 사람들
도 에버랜드가 테마파크 사업으로 돈을 벌고 있을 것으로 생각하고
있다. 하지만 에버랜드의 주력사업은 테마파크가 아니다. 전체 매출
가운데 테마파크 부분은 30% 안팎에 불과하며, 나머지는 기업이나 학
교 등에 제공하는 급식과 건물 유지, 관리 등의 빌딩 엔지니어링이 차
지하고 있다.

이런 사업 영역은 하루아침에 생겨난 것이 아니다. 각종 시설물을
짓고 관리하면서 쌓은 노하우와 호텔신라 시절 아시안게임과 올림픽
을 치른 케이터링 경험을 바탕으로 한 지식이 체계화되면서 또 다른
사업으로 발전한 것이다.

앞서 언급한 에버랜드 서비스 아카데미의 경우도 단순히 직원 교육
만 담당하고 있는 것이 아니다. 체계적인 서비스 교육으로 입소문이
나면서 삼성그룹사는 물론 금융회사, 호텔 등을 비롯해서 국가 중앙
부처와 공사, 그리고 정부투자기관에 이르기까지 연수 요청이 끊이지
않고 있다. 서비스 분야 종사자들에게 에버랜드는 테마파크가 아니라
서비스 교육기관으로 인식되고 있을 것이다.

결국 사내 교육기관으로 출발한 서비스 아카데미는 외부 교육 프로
그램을 추가로 개발했고, 전문 서비스 교육기관으로 자리 잡으면서
에버랜드의 새로운 수익 창출원이 되었다. 지식을 나누면 배가 되고,
회사에도 이윤으로 돌아온다는 신념이 다시 한 번 증명된 것이다.

상품도 팔고
상품 만드는
기술도 판다

지식의 지도를 그려라

지식경영을 강력하게 추진하기 위해 톱다운 방식의 조직 체계를 만들었다. 지식경영의 책임자를 두고 전담 직원을 배치하여 지식경영 시스템 설계에서부터 구체적인 실시를 위한 로드맵 작성까지 하나하나 새롭게 만들어 나갔다.

지식을 자산화하려면 우선 어떤 지식을 가지고 있는지부터 알아야 했다. 그래야만 그 중에서 부가가치를 창출할 수 있는 지적 자산을 뽑아 낼 수 있기 때문이다. 하지만 당시에는 회사가 가지고 있는 핵심 지식이 어떤 것인지, 개별 직원들이 가지고 있는 지식이 어떤 것인지 제대로 파악을 하지 못하고 있었다. 사내에 축적된 지식의 분류와 활용을 위해 지식관리 시스템인 KMSKnowledge Management System를 업그레이드했다.

이 문제를 해결하기 위해 가장 먼저 시도한 것은 사내 '지식맵'을 만드는 일이었다. 지식맵이란 6시그마에서 사용되는 프로세스 맵과 비슷한 개념이다. 회사 내에 존재하는 모든 업무를 파악하고 그것을 세분화한 것이다. 회사 업무를 마치 커다란 시계를 분해하듯 낱낱이 파헤친 후, 나사 따로 톱니바퀴 따로 일목요연하게 펼쳐 놓은 것이다.

지식맵을 만드는 데는 강력한 리더십을 바탕으로 한 전 직원의 참여가 필수적이었다. 지식맵을 만들기 위해 우선 모든 직원이 현재 자신이 맡고 있는 업무에 대해 연간·월간·반기별·분기별 등으로 나누어 업무 캘린더를 작성하도록 했다. 또 주기적으로 하는 일과 비주기적으로 하는 일에 대해서도 모두 리스트를 뽑아서 정리했다.

PTA Purified Terephthalic Acid 생산을 위한 핵심적인 공정은 물론, 은행 업무나 우체국에 가는 일에 이르기까지 전 직원이 회사에서 하고 있는 거의 모든 업무가 총망라되었다. 그리고 업무를 생산과 기술, 프로젝트 등을 담당하는 직접부문과 재무, 인사, 물류, 영업 등을 담당하는 간접부문으로 나누고 그 중요도에 따라 핵심역량, 핵심기술, 방법지 등으로 분류했다.

지식맵을 만드는 과정에서 부수적인 효과도 얻을 수 있었다. 직원들은 막연하게 해 오던 자신의 업무를 구체적으로 생각해 볼 수 있는 계기가 되었으며 각 부서별로 중복된 업무를 찾아내 하나로 통합하거나 없앨 수 있게 되었다. 또 모든 직원이 하고 있는 일들을 어느 누구라도 손바닥 펼쳐 보듯 한 눈에 알 수 있게 되었다.

지식경영의 힘을 발휘하다

2007년 어느 날, 낯선 외국인들이 삼성석유화학 울산공장을 찾아왔다. 인도에서 온 교육생들이었다. 그들은 새롭게 건설된 PTA 공장에 투입될 인력들로서 먼저 삼성석유화학의 앞선 기술과 공장 운영의 노하우 등을 배우기 위해 방문한 것이었다. 물론 이들은 유상으로 교육비를 내고 관련 교육을 받았다.

삼성석유화학은 PTA 단일 품목을 생산하는 회사다. 하지만 언젠가부터 PTA 외에 또 하나의 수출품이 생겼다. 바로 '지식'이다. 그동안 지식경영을 통해 축적된 지식 자산들이 하나 둘 쌓여 가면서 판매할 수 있는 소중한 자산으로 커가고 있었던 것이다.

삼성석유화학은 지식경영의 힘이 더욱 크게 발휘된 훌륭한 장場이었다. 30년 넘게 PTA 사업을 해 오면서 이 사업에 관한 한 전 세계에서 가장 뛰어난 생산기술을 보유하고 있다.

제조업 현장이다 보니 제품을 생산하는 노하우와 공정을 유지 관리하는 데 필요한 기술이 풍부하기 때문에 자산화할 수 있는 지식도 훨씬 많았다. 호텔이나 테마파크 같은 서비스 기업과는 비교할 수 없을 정도였다.

사내에 축적된 기술도 상당 수준이다. 특허감은 물론이고 지적자산화를 할 수 있는 기술을 무척 많이 가지고 있다. 하지만 생산 현장에서는 늘 해 오던 일이었기 때문에 그것이 돈이 되는 지식이라고 생각하는 직원들은 없었다.

가장 중점을 두고 있는 부분은 공장 운영 기술에 대한 솔루션 패키지 판매였다. 공장 운영 노하우를 상품화해서 그것을 원하는 기업에 판매하는 것이다. 교육생들의 유치도 그 성과 중 하나라고 할 수 있다.

암묵지를 방법지로

삼성석유화학은 플랜트 업체와 손잡고 PTA 공장 건설 작업에도 참여하고 있다. 건설회사가 공장을 지으면 공장 운영 노하우는 삼성석유화학에서 제공한다는 조건이다.

세계적인 경쟁력을 확보하고 있는 삼성석유화학만의 공장 가동률, 설비 운영 능력, 환경 및 안전 노하우 등을 패키지 상품화해 컨설팅 사업에 진출했으며, 여러 외국 기업에 공장 운영 기술 관련 컨설팅을 제공하고 있다.

●● 암묵지 : 개인의 머릿속에 들어 있는 경험적·체험적 지식을 말한다. 언어로 표현하기 힘든 주관적 지식이며 경험을 통해 몸에 밴 지식이기 때문에 전수하기가 어렵다. 자전거타기나 조직문화 같은 경우가 대표적이다.

●● 형식지 : 언어로 표현할 수 있는 객관적 지식을 말한다. 문서나 매뉴얼처럼 외부로 표출돼 공유할 수 있다. 컴퓨터 매뉴얼이나 업무 수행절차 등이 대표적이다.

●● 방법지 : 암묵지를 형식지화한 지식을 말한다. 경험을 통해 몸에 밴 자전거 타는 방법을 매뉴얼 형태로 정리했다면 그것이 바로 방법지가 된다.

석유화학 제조 관련 컨설팅 사업이 본격화된 것은 국내에서 처음 있는 일이며 중국, 동남아 등지 시장을 대상으로 새로운 지식 수출산업과 수익원을 창출해 낸 쾌거였다.

컨설팅 사업은 마진율이 80%가 넘는 고수익 사업이기는 하지만 주력 제품인 PTA 판매에 비해 초기 매출 규모는 미미한 수준이었다. 하지만 회사의 수익성을 개선하고 향후 성장 기반을 마련하는 데 큰 도움이 될 것이며, '제2의 창업'이라는 목표를 이루는 데 큰 도움을 줄 것으로 기대하고 있다.

직원들이 현장에서 경험이나 체험적으로만 알고 있는 지식이었더라면 이렇게 지식을 판매한다고 나서지 못했을 것이다. 암묵지를 방법지로 바꾸는 등 적극적으로 지식을 자산화한 결과라고 할 수 있다.

지식 자산도 돈이 된다는 것이야말로 지식경영이 가져다 준 가장 큰 변화 중 하나다. 이렇듯 경영 현장에서 쌓인 지식은 회사 경쟁력을 높이는 데 일조하기도 하지만, 지식 자체가 또 하나의 상품이 되기도 한다.

강변에 쌓인 모래가 강의 물줄기를 바꾸는 것과 마찬가지다. 회사 내에서 끊임없이 축적되는 지식이 모여 결국 기업의 새로운 이윤을 창출해 내는 것이다.

역발상으로 이룬
돈 버는
녹색경영

봉이 김선달식 스팀 판매

삼성석유화학은 공장 운영 기법 등의 컨설팅 상품인 '무형 제품'을 제외하면, PTA라는 단일제품을 생산, 판매하고 있다. 하지만 실제로 판매하는 상품이 하나 더 있는데, 그것은 바로 '스팀'이다. 물론 스팀을 판매하기 위해 공장을 돌리는 것은 결코 아니다. 작업 공정에서 자연스럽게 배출되는 일종의 부산물이다.

울산공장에서는 제품 생산 과정에 산화반응기를 사용하는데, 이 과정에서 발열반응이 일어나면서 열이 발생한다. 서산공장에서 폐수처리 중 발생하는 메탄가스를 원료로 재사용하는 것과 마찬가지로, 울산공장에서는 공정에서 발생하는 열을 스팀 형태로 회수한 뒤 그것을 전기로 변화시켜 사용해 왔다.

그러던 중 울산공단에 생산 공정 과정에서 스팀을 사용하는 회사가 있다는 사실을 알게 되었다. 그 회사는 전문 스팀 공급업체로부터 스팀을 구매하여 사용하고 있었으므로 그곳을 공략하기로 했다. '열→스팀→전기'의 변환 과정을 거쳐 사용하는 것보다 '열→스팀'으로 단계를 축소하는 것이 훨씬 효율적이면서 경제성도 높았기 때문이다.

특히 공정 과정에서 자연스레 생기는 열을 이용해 스팀을 만드는 것이기 때문에 기존 거래처보다 절반 정도 낮은 가격으로 공급할 수 있어서 가격 경쟁력도 충분했다. 그야말로 그 업체는 원가를 낮추고, 우리는 수익을 내는 윈-윈 할 수 있는 거래였다.

몇 차례 접촉 후 업체로부터 긍정적인 대답을 얻은 후 스팀을 구매하는 회사까지 라인을 깔고 본격적으로 스팀을 내보낼 수 있는 공급 시설을 갖추었고, 결국 연간 60억 원의 추가 매출을 올리는 성과를 창출하게 되었다. 발상의 전환을 통해 발굴해 낸 새로운 수익이었다.

돈 먹는 하마가 황금알을 낳는 거위로

화학공장에서는 많은 양의 폐수가 발생한다. 폐수가 제대로 처리되지 않으면 엄청난 환경오염을 발생시킬 수 있기 때문에 규제 또한 엄격한 편이다. 이 때문에 많은 기업들이 돈을 들여가며 정제시설을 운영하고 있다.

그런데 삼성석유화학의 서산공장은 폐수처리시설을 가동해 오히려

돈을 벌어들이고 있다. 바로 녹색경영과 6시그마를 통한 발상의 전환에 의해 얻어진 결과다.

　서산공장은 폐수처리를 위해 연간 15억 원의 비용을 지출하고 있었다. 하지만 6시그마를 통해 폐수처리시설의 효율화 작업에 나서면서 상황이 달라졌다. 폐수처리과정을 꼼꼼하게 분석한 결과 불필요한 부분이 많다는 점을 알게 된 것이었다.

　문제 처리과정에 따라 효율이 떨어지는 부분을 없애고 부가가치가 없는 프로세스를 대폭 줄여나가다 보니 세 대의 정화설비 가운데 한 대의 가동을 멈추게 되었고, 이를 통해 당장 2억 원을 절감할 수 있었다.

　비용 절감 효과만으로도 대단한 성과였지만, 직원들은 단순히 비용 절감에 머무르는 것이 아니라 정화설비 한 대가 놀고 있으니 이를 '대여' 해 수익을 올리자는 아이디어를 냈다. 폐수처리시설이 부족하지만 시설에 투자할 여력이 없는 업체와 접촉해 돈을 받고 폐수를 대신 처리하자는 것이었다.

삼성석유화학의 폐수처리기술은 이미 국내 규제 기준을 크게 웃돌아 환경 규제에 걸려 벌금을 내는 일이 없다는 장점이 있어, 많은 기업들이 삼성석유화학의 폐수처리시설을 이용하겠다고 나섰다. 안타깝게도 남는 정화설비의 여력에 한계가 있어 사내에서 처리 가능한 규모의 업체를 선정하였고, 결국 이를 통해 연간 3억 원의 수익을 올리게 되었다.

하지만 이것이 끝이 아니었다. 공장 폐수처리 과정에서 생기는 메탄가스를 공장 내 생산시설 원료로 활용하는 시스템이 있었는데, 폐수처리 효율이 높아지자 이 과정에서 발생하는 메탄가스 양이 크게 늘어나면서 연료 구입량 또한 감소했다. 이렇게 감소된 금액이 무려 10억 원에 달했다. 결국 폐수처리시설의 효율 극대화를 통해 총 15억에 달하는 성과를 이루어 낸 것이다.

코스트 센터가 아닌 프로핏 센터

녹색경영을 위한 비용이 만만치 않다는 점이 기업 운영에 부담이 되지 않느냐는 질문도 있었지만, 초반에 환경투자를 철저히 해 두면 추후 들어가는 유지 보수 비용이 점차 줄어들기 때문에 장기적으로 봤을 때 오히려 비용 절감 효과가 있다. 또한 최근 소비자들은 친환경 상품에 대한 관심이 매우 높기 때문에 이러한 추세에 보다 적극적으로 대응할 필요성이 있다.

오히려 환경투자에 인색한 기업들은 국제 환경기준 변화의 흐름을 읽지 못하고 눈앞의 비용에 집착하다가 투자시기를 놓치거나, 시설 개선 예산을 추가로 써야 하는 경우가 많다.

세계적으로 환경오염물질 발생을 막는 규제가 점차 강화되고 있는데, 비용이 많이 든다며 우는 소리만 하고 있어서는 안 된다. 과감한 환경투자를 통한 기술 개발만이 점차 강화되는 환경규제에 대한 유일한 대응책이다.

그리고 무엇보다 환경투자를 기업의 비용적인 측면인 '코스트 센터 Cost Center로만 치부할 것이 아니라 이익창출 측면인 '프로핏 센터 Profit Center'로 생각해야 한다.

다른 기업보다 발 빠르게 기술 개발에 성공할 경우, 환경규제를 지키는 데 급급한 소극적인 입장에서 벗어나 환경기술을 판매해 새로운 수익을 창출할 수 있는 기회를 얻게 된다.

실제로 삼성석유화학에서는 건강안전환경시스템HSE을 통해 화학공장의 위험요인을 철저히 지수화 · 계량화하여 환경 유해 요인이 발생하는 것을 적극적으로 관리하고 통제하고 있으며, 이러한 환경 관련 기술은 결과적으로 회사의 이익이 되어 돌아왔다.

합작회사였던 영국의 BP사에 환경 관련 기술을 역수출하게 된 것이다. 이를 계기로 외국 기업에 삼성석유화학의 관리 기술을 전파하고 컨설팅 비용을 받는 사업을 보다 적극적으로 추진했으며, 사업 다각화에도 많은 도움이 되었다.

성공은
가장 큰
실패 속에 있다

불량 서비스는 즉시 '스톱'

　　에버랜드에 있을 당시 '드롭 커튼Drop curtain', '오프 스테이지Off Stage', '달콤주-쓸개주 파티' 등의 제도를 도입한 적이 있다. 이들 모두 실패를 자연스럽게 받아들이고 개선하는 데 힘을 모으기 위한 제도였다. 실패란 더 큰 성공을 위한 밑거름이라는 것을 누구보다 잘 알고 있었기 때문이다.

　'드롭 커튼'은 제조업체 공장에서 착안한 아이디어다. 제조업체 공장에 가면 '라인 스톱Line Stop'이라는 제도를 운영하는 것을 종종 볼 수 있다. 라인 스톱이란 공장에서 불량사항이 발생했을 경우 일시적으로 생산라인을 중단시키고 불량을 일으키는 요인을 찾아 시정하는 개선 방법이다.

에버랜드에서는 어느 부서를 막론하고 시설이 불량하거나 서비스맨의 태도가 불친절할 경우 매장 영업이나 공연을 과감히 중단한다. 아무리 중요한 이벤트를 담당하고 있더라도 가차없이 다른 공연으로 대체되며, 지적을 당한 팀은 서비스가 완전히 이루어질 수 있도록 정비를 마치고 검수를 받은 이후에야 다시 활동할 수 있다. 마치 제조업체의 생산라인에서 불량품이 만들어지지 않도록 하는 것처럼 에버랜드에서도 불량 서비스를 용납하지 않겠다는 의지의 표현이었다.

에버랜드는 거대한 서비스 무대

고객의 입장에서 에버랜드는 즐거움으로 가득 찬 테마파크지만, 직원의 입장에서는 서비스를 제공하는 거대한 무대다.

나는 직원들을 무대 위에서 연기하는 연극배우에 비유하곤 했다. 에버랜드라는 거대한 무대 위에서 고객들을 대상으로 서비스를 연기하는 배우 말이다.

'오프 스테이지'는 서비스에 대한 '연기력'이 떨어지는 '배우'들을 무대에 올리지 않는 제도를 말한다. 에버랜드라는 무대 위에서 친절 5대 항목에 대한 연기 기량이 떨어진다는 지적을 받은 직원은 즉시 무대 위에서 퇴장을 시키는 제도다.

실제로 한 식당 여직원은 명찰을 비뚤어지게 달고 접시를 나르는 과정에서 큰 소리를 내어 고객의 심기를 불편하게 했다는 이유로

‘오프 스테이지’ 당했다.

이 제도는 자칫 개인에 대한 징계의 의미로 인식될 수도 있으나, 종업원에 대한 재교육에 중점을 두고 있다. 무대에서 퇴장당한 사원이 현장에 복귀하려면 서비스 아카데미에서 재교육 과정을 반드시 이수해야 하며, 다른 매장에 고객으로 가장하여 방문하는 미스터리 쇼핑을 통해 다른 사원들이 어떤 식으로 서비스를 제공하고 있는지 직접 지켜봐야 한다.

오랜 기간 서비스를 제공하는 입장에 있다 보면 고객보나는 서비스하는 사람의 편의를 먼저 생각하게 되는데, 미스터리 쇼핑을 통해 고객 입장에서 다시 한 번 생각해 볼 수 있는 여지를 주는 것이다.

그리고 미스터리 쇼핑 보고서를 제출하게 해서, 수준 이하의 매장이 발견되는 경우 다시 드롭 커튼 명령을 내려 각 제도가 서로 조화를 이루며 피드백을 주고받도록 했다.

실수와 실패를 부각시켜 재교육하다

소그룹별로 성공 사례와 실패 사례가 발생할 때마다 팀원들끼리 파티를 열었다. 잘된 점은 모두 함께 축하해 줌으로써 동기부여를 하고, 잘못된 점은 떳떳하게 공개함으로써 개선할 수 있도록 하자는 의도에서 마련한 자리였다.

우리는 칭찬에 대해서 지나치게 인색한 기업문화를 가지고 있다.

잘한 일에 대해서도 드러내놓고 기뻐하는 경우가 많지 않다. 하지만 잘한 일에 대해서는 잘했다고 칭찬을 해 주어야 새로운 의욕을 가지고 더 노력하는 것이다.

실패에 대해서는 더욱 그렇다. 실패는 성공을 위한 소중한 자산이다. 그렇기 때문에 실패를 통해서 교훈을 얻을 수 있어야 한다. 그러나 우리는 어떤가. 잘된 일에 대해서는 몇 번이고 되새기지만 실패에 대해서는 어느 누구도 그것을 다시 떠올리려고 하지 않는다. 그러다 보니 돈 주고도 살 수 없는 실패를 통해서 배울 수 있는 기회를 많이 놓치고 있는 것이 현실이다.

또 성공이나 실패 사례가 회의석상에서 형식적으로만 언급되는 경우가 많다. 특히 실패에 대해서는 문책이 두려워 대부분 입을 열지 않으려고 한다.

실패에 대한 지적을 두려워하면 발전을 이룰 수 없다. 실패를 위한 파티를 만든 것은 잘못한 사람을 비난하기보다는 실패를 개선을 위한 소중한 자산으로 삼기 위한 것이었다.

'쓸개주 파티'는 실패를 단순히 공개하거나 실패 사례를 나열하는 데 목적이 있는 것이 아니다. 실패 사례를 팀원과 함께 공유함으로써 당사자뿐만 아니라 팀원 모두가 주의를 기울여 다시는 같은 실수를 반복하지 않도록 한다는 데 목적이 있다.

토머스 에디슨은 전구 발명에 성공하기까지 1만 번이 넘는 실패를 거듭했다고 한다. 세상에는 성공보다 실패가 더 많다. 성공과 실패는 한 번으로 끝이 아니라 계속해서 반복적으로 나타난다.

기업 활동을 하다 보면 실패나 실수를 자연스럽게 받아들이는 것이 매우 중요하다. 실패에 대해 자세히 조명하고 분석해서 적절한 대책을 세워 실패를 점차 줄이는 것이 기업의 실적이나 생존에 무척 중요한 요인이 되기 때문이다.

이를 위해서는 왜 실패가 발생했는지 정확한 상황과 이유를 파악하고 개선을 위한 재교육과 실패를 방지하기 위한 제도 마련이 뒤따라야 한다. 또 이러한 일련의 개선제도가 제대로 작동하고 있는지 재평가하는 과정도 필수적으로 마련되어야 한다.

에버랜드의 수준 높은 서비스는 작은 실패와 실수 속에서 교훈을 얻고 재교육을 통해서 직원 한 사람 한 사람의 서비스 수준을 높이도록 추진했던 다양한 노력들이 모여서 이루어진 것이라고 할 수 있다. 실패나 실수를 외면하면 개선이나 발전은 기대할 수 없다.

지식경영 성공법칙

1. 지식을 자산화하라

회사에서 일을 하면서 얻게 된 지식은 결코 개인이 혼자 소유하는 지식이 아니다. 회사와 직원들 모두 공유해야 할 지식이다. 업무상 알고 있는 모든 지식을 자산화 한다는 것은 곧 개인은 물론 회사가 발전할 수 있는 기반이 된다.

2. 새로운 지식을 창조하라

특허 출원은 연구소 같은 전문기관에서만 하는 일이 아니다. 직원들 누구라도 업무 중에서 새로운 지식을 창조할 수 있다. 현장에서 사용되고 있는 뛰어난 기술의 가치를 제대로 알지 못하면 좋은 기술을 활용하지 못하고 사장시킬 수밖에 없다.

3. 지식이 돈이 된다

직원들이 현장에서 경험이나 체험으로만 알고 있는 지식이라면 그것을 돈으로 만들 수 없다. 몸으로 알고 있던 암묵지를 일정한 형태의 방법지로 만드는 등 적극적으로 지식을 자산화해야 돈이 되게 할 수 있다. 지식이 돈이 된다는 것이야말로 지식경영이 가져다 준 가장 큰 변화 중 하나다.

4. 지식경영으로 한계를 돌파하라

현장에서 업무 효율 증대를 위해 펼치는 노력만으로는 개선의 한계가 있다. 아무리 노력해도 개선활동만으로는 한계를 넘지 못한다. 그것을 뛰어넘게 해 주는 힘은 바로 지식경영에 있다.

뜻이 있는 곳에 길이 있다

내일을 위한 최선의 준비는
오늘의 일을 모두 마치는 것이다.
시간과 정성을 들이지 않고 얻을 수 있는 결실은 없다.
-그라시안

나무 한 그루에
심은
경영철학

국토 최남단 마라도의 해송

제주도 서귀포에서 배를 타고 40여 분 가면 우리 국토의 최남단 섬 마라도에 닿는다. 배에서 내려 섬으로 올라가면 중심부에 해송海松이 우거진 조그마한 숲이 모습을 드러낸다. 그곳에 가지런히 심어진 해송들이 온몸으로 바닷바람을 막으며 서 있다. 조그마한 섬 거친 땅 속에 단단히 뿌리를 내리고 서 있는 모습을 보면 왠지 대견스럽고 든든한 마음이 든다.

이 해송들 중에는 내 손으로 직접 심은 나무도 수십 그루가 있다. 제주신라호텔 총지배인 시절 직원들과 함께 심은 나무들이다. 해송 군락지 근처에는 식수 기념 표지석이 남아 있다.

여객선에 어린 묘목을 가득 싣고 바닷바람을 헤치며 나무를 심으러

마라도 식수 기념 표지석

가던 기억이 아직도 생생하다. 그 작은 묘목들이 튼튼하게 자란 것을 보면서 세월의 힘, 그리고 자연의 힘을 다시 한 번 느꼈다.

그동안 나무를 참 많이 심었다. 매년 식목일 전후해서 연례행사처럼 나무를 심었다. 호텔신라에 있을 때는 주로 장충동에 나무를 심었고, 제주신라호텔에 있을 때는 호텔 정원과 중문 벌판에, 그리고 좀 더 멀리 배를 타고 마라도 같은 섬에 가서 나무를 심기도 했다.

우리 땅이라면 그 어느 곳이라도 상관이 없었다. 우리 강산이 푸르게 바뀌는 모습을 보는 것은 언제나 기쁘고 즐거운 일이었다.

에버랜드에 몸담고 있던 10여 년 동안 심은 나무만도 100만 그루에 달한다. 매년 수천 그루에서 수만 그루에 이르는 나무들을 심었다. 지금도 몇 년도에 어떤 나무를 몇 그루 심었는지 그 자료들을 다 가지고 있을 정도다. 그만큼 나무 심는 일에 애착을 가지고 있었고 또 공을 들였다.

왕벚나무에서부터 은행나무, 자작나무, 소나무, 단풍나무, 전나무와 메타세쿼이아 등 다양한 나무들이 에버랜드로 들어오는 마성도로에서부터 에버랜드 내의 포시즌스 가든, 장미원, 글로벌페어와 캐스트 하우스 근처 곳곳에 골고루 뿌리를 내리고 있다.

호텔이나 테마파크뿐만 아니라 공장에도 나무를 심었다. 삼성석유화학에 있을 때는 울산과 서산공장에 매년 수만 그루의 나무를 심었다. 그 결과 삭막하기만 했던 화학공장이 아기자기한 공원으로 탈바꿈했고 직원들의 심성도 한결 부드러워졌다.

주변에서도 우리 공장을 보고 따라서 나무를 심기 시작하면서 삼성석유화학이 자리하고 있는 울산과 서산화학단지 주변이 마치 작은 숲처럼 변하는 모습도 볼 수 있었다.

고객을 위한 최고의 서비스

나무를 심는 일은 내 생활은 물론 경영활동에서도 빼놓을 수 없는 중요한 부분이었다.

내가 처음으로 관리자의 지리에 올라 스스로 결정을 내릴 수 있는 위치가 됐을 때 가장 먼저 한 일 가운데 하나가 나무를 심는 것이었다. 호텔신라 총무과장 시절부터 시작된 일이니 30년 넘게 지속되어

온 연례행사였다.

나무는 사람들에게 깊은 영감을 준다. 나는 나무를 심으면서 기업의 비전을 세우고 미래를 내다볼 수 있는 안목을 기를 수 있었다. 나무는 기업 경영에 필요한 영감을 줄 뿐만 아니라 실제로 서비스 현장에서 고객에게 고품질 서비스를 제공하는 훌륭한 소재가 되기도 했다.

그리고 나무는 우리에게 진정한 서비스가 무엇인지를 알려 주는 소중한 자원이다. 나는 서비스 산업의 대표라고 할 수 있는 호텔과 테마파크를 거치면서 고객만족경영을 실천해 왔고, 심지어 장치산업인 석유화학 공장에서까지 서비스 개념과 고객만족경영을 도입해 큰 성과를 거두었다.

내가 생각하는 서비스란 결코 크고 화려한 것이 아니다. 돈을 많이 투자해서 만든 최신식 호텔에서 훌륭한 서비스가 나오는 것도 아니다. 서비스란 작고 섬세한 것이다. 사람의 마음을 느끼고 헤아리는 것에서부터 시작된다. 마치 자연이 우리에게 주는 혜택 같은 것이다. 나무는 그런 면에서 고객을 위한 최고의 서비스라고 할 수 있다.

제주신라호텔을 방문해 본 사람이라면 호텔 정원에 가득 심어져 있는 각종 나무들을 보았을 것이다. 이 나무들은 계절마다 다른 꽃을 피우면서 그 계절에 가장 어울리는 로맨틱한 시사이드 호텔의 낭만적인 분위기를 연출한다. 그 어떤 인공적인 시설이나 건물이 계절마다 분위기를 바꾸어 가면서 고객에게 새로운 느낌을 전해 줄 수 있을까.

나무는 한여름 뜨거운 햇살을 막아 줄 뿐만 아니라 사계절 정서적으로 깊은 심성과 부드러움을 보여 줄 수 있는 휴먼터치의 수단이기도 하다.

에버랜드에 다녀온 사람들이라면 아마 느꼈을지도 모르겠다. 에버랜드는 가까이 가면 갈수록 새로운 세계로 들어서는 특별하면서도 설레는 느낌을 받게 된다. 그런 분위기를 만들어 내는 일등공신 역시 나무다. 에버랜드 근처 도로변에 있는 나무들은 도심에서는 쉽게 볼 수 없는 이국적인 분위기의 키가 큰 나무들이다. 동화 속의 공간처럼 설레는 느낌을 주기 위해 심어 놓은 것이다.

마성 톨게이트를 통과해서 에버랜드 정문까지 이어진 길에 심은 나무 한 그루 한 그루에도 고객을 위한 세심한 배려가 숨어 있다.

환경지표수 왕골대나무

삼성석유화학 울산공장은 과거에도 나무를 일부 심기는 했으나 사철나무처럼 공해에 강한 나무들을 주로 심었다. 하지만 나는 그와 정반대의 생각으로 접근했다.

우선 외곽 담을 따라서 왕골대나무를 심었다. 나무에 대해 관심이 있는 사람이라면 금방 알 수 있을 것이다. 왕골대나무는 공해에 매우 민감한 수종이다. 거기서 끝나지 않았다. 공장 안에도 해송과 느티나무, 장미, 철쭉 등 공해에 약한 나무들만 골라서 심었다.

많은 사람들이 공해 배출 공장이라고 인식하고 있는 석유화학 공장

울산공장의 환경지표수 '왕골대나무' 담장

에 왕골대나무를 심음으로써 환경에 유해한 어떠한 물질도 배출하지 않는다는 강력한 의지를 보여 준 것이다. 만일 공해 물질을 배출하더라도 나무가 먼저 알고 반응함으로써 스스로 환경을 감시하도록 하자는 취지였다.

공장이라고 하면 누구나 우중충하고 거친 이미지를 먼저 떠올릴 것이다. 더구나 석유화학업체라고 하면 일단 머리 아픈 약품 냄새나 공해를 연상하고 심지어 폐수를 흘려 보낼 것이라는 부정적인 생각을 갖고 있는 사람들이 많다. 나무 한 그루로 그러한 고정관념들을 없애고 싶었다.

울산공장의 잔디밭 정원 한가운데 있는 소나무 동산과 도로변의 메타세쿼이아 가로수, 그리고 현관 앞쪽의 대나무숲 등은 이미 해당 공기관은 물론 시민들까지도 경이로운 눈으로 바라보았다. 모두 앞을 보고 가꾸고 다듬은 결과라고 할 수 있다.

또 매년 열리는 식목행사 때마다 얼마나 나무를 많이 심었던지 삼성석유화학의 식목행사가 울산공단 내에 화제가 될 정도였으며, "울산공단단지협의회에서 걷는 환경부담금은 삼성석유화학에 전달해야 한다"는 우스갯소리가 나오기도 했다.

일하고 싶은 기업을 만드는 일등공신

매년 3, 4월이 되면 나는 직원들과 함께 삽을 들고 나가 공장 정원에 나무를 심었다.

삼성석유화학에서 CEO로 재임하는 6년 동안 울산에 5만 그루의 나무를 심어 녹지율 20%를 만들었고, 서산에 5만 1천 그루의 나무를 심어 녹지율 55%를 이룩했다.

자연을 가까이 하면 삶의 여유를 느낄 수 있을 뿐만 아니라 빡빡한 업무 속에서 정서적으로 메마르기 쉬운 직원들에게 생활의 활력소가 된다. 나무를 심기 시작하면서 직원들도 좋은 환경에서 일할 수 있게 되었다.

부지 5만 평의 울산공장은 8천여 평의 잔디밭에 5만여 그루의 화초류와 수십여 종의 수목이 어우러져 있다. 그냥 나무만 많이 심어 놓은

울산공장 정원에 둥지를 튼 까치

것은 아니다. 계절에 따라 아름다운 조경을 즐길 수 있도록 계획을 세워 조림 작업을 했다. 또한 그 속에는 직원들의 업무 능률을 높이고 회사의 미래를 개척해 나간다는 의미도 부여했다.

정원 한가운데에 천연기념물급 '낙락장송'을 심었더니 그 다음 해에 까치 두 마리가 둥지를 틀고 새끼 여섯 마리를 낳아 직원들 사이에서 좋은 징조로 회자되기도 했다.

서산공장은 아예 전문 조경업체에게 맡겨 전체 공장 부지의 절반이 넘는 55%를 녹지로 조성했다. '숲속의 제조사업장'이라는 테마로 진행된 녹지조성 작업으로 인해 수천 평의 푸른 잔디밭이 펼쳐졌으며, 철쭉과 영산홍이 아름다운 자태를 뽐내는 '공원 속의 공장'으로 탈바꿈했다.

성토 작업을 하느라 서산공장에 반입된 트럭만도 15톤 중량 약 6천 대에 달했다. 그리고 2004년과 2005년 2년 동안에 각각 3만 그루에 가까운 나무를 새롭게 심었으며, 재임기간 동안 모두 5만 1천 그루의 나무를 심었다.

울산공장은 대대적인 공사를 할 여건이 되지는 않았지만 공장의 상황을 십분 활용, 곳곳에 나무를 심고 잔디를 가꾸었다. 차가운 느낌이 드는 쇠파이프와 증류탑이 전부였던 공장 시설을 쾌적한 일터로 바꾸는 작업이있다.

공장을 방문한 사람들은 울산과 서산공장이 웬만한 공원보다 낫다고 말하곤 했다. 공장 안팎의 근무환경이 밝아지다 보니 직원들의 표정도 한결 부드러워졌다. 이공계 전공자들이나 공장에서 일하는 직원들은 다소 무뚝뚝하고 거칠다는 평가를 많이 받는 편이었다.

하지만 공장이 푸르러지고 나서 직원들의 태도가 많이 바뀐 것을 피부로 느낄 수 있을 정도였다. 그리고 청결하고 친환경적인 근무환경을 계속 유지하기 위한 자발적인 노력도 생겨났다. 나무 한 그루가 바꾸어 놓은 커다란 변화였다.

나를 비롯해 함께 나무를 심었던 직원들이 이곳을 떠나더라도 나무들은 무럭무럭 자라 숲을 이룰 것이다. 그런 추억을 가질 수 있다는 사실만으로도 무척 행복하다.

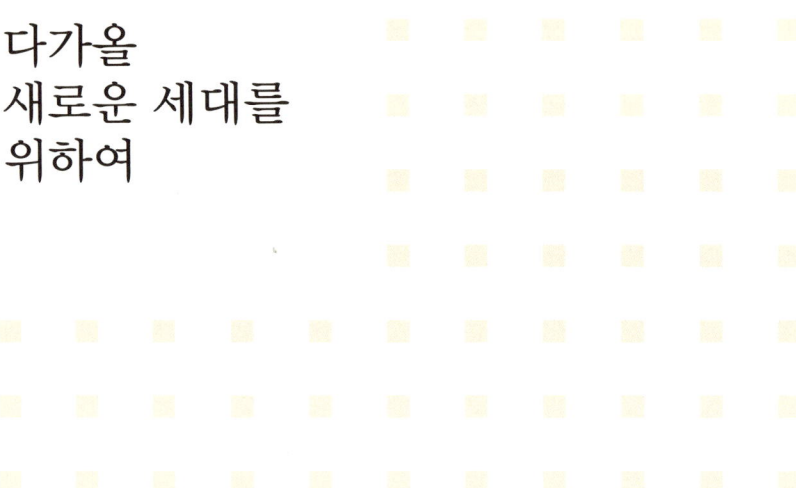

다가올
새로운 세대를
위하여

치산치수의 교훈

경남 고성 본가가 있는 마을 산등성이에 올라가서 보면 숲으로 둘러싸인 고향 마을이 한 눈에 들어온다.

그리고 마을 어귀에 보면 '치산치수治山治水'라는 글귀가 새겨진 커다란 바위가 있다. 농촌지도자로 평생 고향을 지키셨던 아버지가 손수 쓰신 글씨다.

예나 지금이나 나라를 다스리는 근본 중 하나가 '치산치수'다. 산에 나무를 심고 물을 다스리는 일은 사람이 살아가는 데 있어서 가장 기본이고 중요한 일 가운데 하나다. 크게는 한 나라에 해당되는 이야기이기도 하지만 작게는 지역 공동체나 가정에도 꼭 필요한 정신이라는 생각이 든다.

아버지께서는 당신 스스로도 꾸준히 나무를 심으셨지만, 자녀들이나 주변 사람들에게도 늘 나무를 심으라는 메시지를 그렇게나마 전달하고 싶으셨던 것 같다.

아버지의 '치산치수' 정신은 집안의 큰 어른이시자 유학자이셨던 할아버지로부터 비롯된 것이다. 내 인생의 가장 큰 '멘터'이셨던 할아버지는 우리를 불러놓고 늘 이렇게 말씀하셨다.

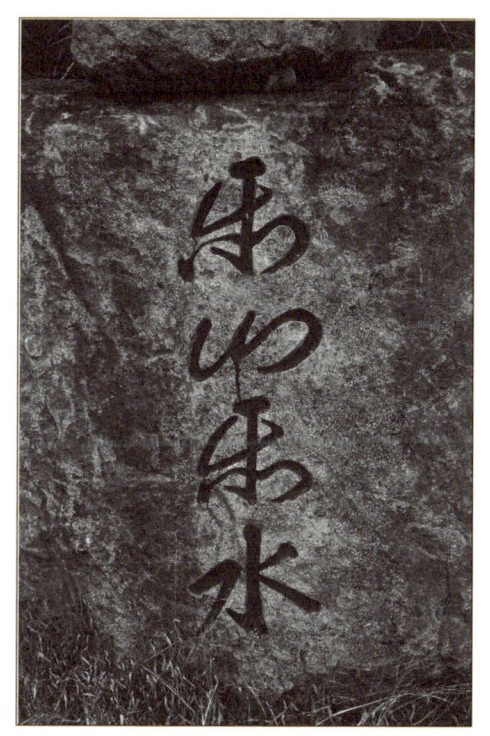

마을 어귀 바위에 새겨 놓은 아버지의 글씨

"당대當代만을 위한다면 부를 축적하는 것이 빠르겠지만 누대累代를 위해서라면 나무를 심어야 한다."

치산치수에 힘쓰셨던 아버지도 할아버지의 가르침을 잘 따른 것이었다. 일찍 고향을 떠나 객지에 나와 있던 나는 고향 마을에 나무를 심는다는 것이 쉬운 일이 아니었다. 그 대신 회사와 내 주변에 나무를 심고 열심히 가꾸었다.

내가 어렸을 때만 해도 우리나라 대부분의 산에서 나무를 보기가 힘들었다. 일제의 수탈로 헐벗었고 또 땔감으로 마구 베어지는 바람에 언제부터인가 붉은산, 민둥산이라는 이미지를 갖게 됐다.

우리나라 산에 다시 나무가 자라기 시작한 것은 박정희 대통령이 식목일을 만들고 육림사업을 시작하면서부터일 것이다. 매년 식목일이면 남녀노소 할 것 없이 산에 나무를 심는 새로운 전통이 생겨나기 시작했고, 산도 조금씩 푸르게 변해 갔다.

이제 우리나라는 세계적으로도 그 유례를 찾아보기 힘들 정도로 단기간에 육림에 성공한 대표적인 국가로 손꼽히고 있다.

내가 나무를 심는 이유

당장 눈앞의 결과를 원하는 사람은 결코 나무를 심지 못한다. 나무를 심더라도 천천히 수백 년에 걸쳐 자라는 나무를 심지 않고 속성으로 빨리 자라는 나무만을 심게 될 것이다.

지금 젊은 사람들이 이렇게 푸른 산하를 갖게 된 것은 수십 년 전 그들의 아버지 세대가 나무를 많이 심었기 때문이다. 또 지금 심는 나무들은 수십 년 후 우리 후손들이 그 혜택을 누리게 될 것이다.

이 땅이 우리만 살다가는 장소가 되어서는 안 된다. 오늘을 사는 우리에겐 조상들이 피땀 흘려 다져온 이 터전 위에서 후손들의 미래를 위해 이 땅을 더욱 아름답게 가꿔 물려주어야 할 막중한 책임이 있다.

나무를 한 그루 심는 행위 속에는 바로 앞으로 이 땅의 주인공인 후손들이 이 터전에서 잘 되기를 바라는 염원이 들어 있다. 또 우리나라의 발전, 더 크게는 인류의 번영이라는 간절한 바람이 담겨 있다.

그것이 바로 도덕성이고 인간미다. 그리고 인간이 사회적 동물로서 해야 하는 가장 가치 있는 기여다. 선배들이 가꾼 터전에서 후배들이 그 가치를 이해하고 활용하는 것이 곧 미래를 위한 지속가능한 경영의 한 축이라고 할 수 있다.

인재가 무럭무럭 자라나는 회사

좋은 나무가 잘 자라는 모습을 지켜볼 때면 이 땅의 인재들이 성장하는 모습이 떠오른다. 처음 신입사원으로 입사했을 때 미숙하고 뭔가 부족했던 젊은 사원들이 어느새 무럭무럭 성장하여 회사의 중요한 역할을 담당하는 높은 자리에 올라 있는 것을 보면 흐뭇한 마음이 든다.

나무를 심는 일은 기업을 경영하고 인재를 키우는 일과도 비슷하다. 우리 기업들이 지금 이렇게 성장한 것도 미래를 내다보고 끊임없이 '인재'들을 심었기 때문이다.

지속가능한 기업으로 영속적으로 성장하기 위해서는 눈앞만 바라봐서는 안 된다. 마치 나무를 심듯이 보다 장기적인 시각으로 인재를 양성하고 끊임없는 혁신을 추구해야 한다. 나는 그것을 기업을 경영하는 많은 후배 CEO들에게 전해 주고 싶다.

내가 20~30년 전부터 심어 놓은 나무들이 아름드리 큰 나무로 자라났다. 근래에 심은 나무들도 수십 년이 지나면 거목으로 성장하게 될 것이다. 사람도 마찬가지다. 내가 거쳐 온 조직마다 앞장서서 혁신을 담당했던 많은 인재들이 쑥쑥 자라나서 기업 경영의 큰 임무를 담당해 주기를 간절히 바라고 있다.

경영자 한 사람이 뛰어나다고 해서 훌륭한 기업을 영속적으로 유지할 수는 없다. 경영자는 언젠가 떠나게 마련이다. 경영자가 떠나고 나서도 훌륭한 기업으로 건재할 수 있도록 하려면 미래를 내다보고 인재를 키우고 또 그들이 성장할 수 있는 토양을 만들어 주어야 한다.

뛰어난 경영자가 물러난 다음 어려움을 겪는 조직들을 종종 볼 수 있다. 그 경영자의 공백을 메워 줄 만한 인재가 충분히 성숙하지 못한 탓이다. 그런 면에서 훌륭한 경영자는 조직에 몸담고 있을 때뿐만 아니라 떠날 때도 생각해야 한다.

볼품없고 못생긴 나무란 없다

나무는 뿌리를 내리는 데 있어 게으름이 없으며, 이렇게 깊이 박힌 뿌리는 폭풍 속에서도 나무를 건재하게 한다. 기업도 마찬가지다. 경쟁력이라는 뿌리를 튼튼하게 하기 위해서 한시도 멈춰서는 안 된다.

어떤 여건에서도 흔들림이 없도록 강한 경영 체질을 키우고, 고객을 위해 끊임없는 변화를 추구하며, 그 속에서 성공공식을 창출해 낼 수 있어야 한다.

어떤 위기에서도 흔들리지 않는 조직의 든든한 뿌리가 바로 인재다. 기업을 경영하면서 나는 한 그루의 나무를 심는 마음으로 인재들을 양성했다. 그동안 심어 온 나무들이 강산을 푸르게 만든 것처럼 기업 경영을 통해 육성해 온 인재들이 삼성이라는 조직, 더 나아가서는 우리나라와 인류의 발전을 위해 공헌할 수 있는 큰 인물로 무럭무럭 자라나고 있는 모습을 보면서 뿌듯한 생각을 갖게 된다.

산이 우거지기 위해서는 보기 좋고 아름다운 나무 한 그루만 있어서는 안 된다. 잎이 넓은 나무, 예쁜 꽃을 피우는 나무, 그늘진 응달에서도 말없이 자라는 나무, 이 모든 나무들이 모여야 비로소 울창한 숲이 되고 산이 된다.

나는 뛰어난 능력을 발휘하는 직원들도 칭찬했지만 자격시험에 떨어져 실패하고 좌절하는 직원들에게도 일일이 이메일을 보내 격려하는 것을 잊지 않았다.

'못생긴 나무가 산을 지킨다'는 말이 있다. 보기 좋은 나무들은 누군가 재목으로 쓰기 위해 베어 내지만, 보기 흉하고 쓸모없어 보이는 나무들이 홀로 남아 선산을 지킨다는 이야기다.

혁신을 추진하면서 임원실 비서나 의무실 간호사에게도 6시그마 프로젝트를 수행하도록 했다. 회사의 혁신 과제라는 것이 꼭 중책을 맡은 직원들만 할 수 있는 것이 아니라는 생각을 가지고 있었기 때문이다.

나는 잘생긴 나무나 못생긴 나무만 산을 지키는 것은 아니라고 생각한다. 잘생겼건 못생겼던 나무 한 그루 한 그루는 모두 소중하며 저마다 의미를 가지고 있다고 믿는다. 그것이 내가 직원들을 대하고 생각하는 마음가짐이었다.

삼성석유화학에서는 전 임직원이 자신의 이름을 붙인 나무를 지정해 가꾸어 나가는 '1인 1수목 가꾸기 운동'을 지속적으로 시행해 왔다. 한 그루의 나무가 소중한 것처럼 직원 한 사람 한 사람 모두 회사에서 매우 소중한 존재라는 것을 일깨워 주기 위함이었다.

자기 이름으로 자라는 나무가 있는 회사를 쉽게 떠날 직원들은 없을 것이다. 공장 정원에 심어진 나무들이 아름드리 나무로 자라났을 때, 그 나무를 심었던 직원 한 사람 한 사람도 회사 내의 중요한 인물로 성장하게 될 것이라고 믿어 의심치 않는다.

산을 오르며 직원들과 소통하다

산 정상에서 열리는 신년 시무식

　　매년 1월 1일 새해 첫날이면 산에 오른다. 해가 바뀌고 가장 먼저 하는 일이 바로 산에 오르는 것이다. 나무를 심는 일만큼이나 산에 오르는 일도 내게는 무척 중요하다.

　　총무과장이 되고 나서 나무를 심기 시작한 것처럼 CEO가 되고 난 이듬해 새해 첫날부터 직원들과 함께 산을 오르기 시작했으니 '산 정상에서 시무식'을 연 것이 올해로 18년째다. 개인적으로 20년은 꼭 채우고 싶은 생각이다.

　　그리고 내가 함께 하지 못하더라도 같이 산을 올랐던 후배들이 뒤를 이어서 30년, 40년 더 오랫동안 산을 올랐으면 하는 바람을 가지고 있다.

새해 첫날 이른 새벽 등산은 매우 소중한 순간이며 많은 의미를 가지고 있다. 또한 많은 깨달음을 준다. 에버랜드 시절에는 주로 관악산을 올랐고, 삼성석유화학으로 옮긴 이후에는 북한산을 올랐다.

새벽 5시 반이면 아직 만물이 깨어나지 않은 시간이다. 새와 짐승들도 보금자리에서 곤하게 잠을 청하고 있고, 가족과 이웃들도 모두 단잠에 빠져 있는 시간이다.

대부분의 사람들이 달콤한 꿈나라에 빠져 있는 동안 산 정상에 오르는 임직원들은 그만큼 가슴속에 깊은 책임감과 함께 깨어 있는 자의 사명감을 느끼게 된다. 먼저 깨어난다는 것은 남들보다 한 발 먼저 생각하고 준비를 한다는 것을 의미한다. 그렇게 해야만 치열한 경쟁 속에서 회사를 발전시키고 또 나라를 발전시킬 수 있다.

이것이 바로 내가 산정 시무식을 통해 함께 산을 오르는 임직원들에게 던지는 메시지다. 누구라도 마찬가지일 것이다. 새해 첫날 새벽, 찬바람을 맞으며 산에 올라보라. 아마 나의 이런 생각을 온몸으로 느낄 수 있게 될 것이다.

또한 정상을 향해 한발 한발 내딛으며 함께 산을 오르는 사람들은 서로 깊은 유대감과 믿음을 느끼게 된다. 산은 우리에게 마음을 열어 준다. 함께 오르다 보면 복잡한 일상에서 만났을 때보다 더 가깝고 친근한 마음이 들게 된다.

산은 아무 말이 없지만 산을 오르는 사람들에게 말없는 깨달음과 교훈을 준다. 그것이 바로 내가 산을 좋아하는 가장 큰 이유다.

선구자와 만세삼창

　　　　새벽 5시 반경 산 아래에 모여 어둠을 뚫고 산 정상에 오르면 새해의 태양이 떠오르는 모습을 직접 볼 수 있다. 그때 우리는 산꼭대기에 서서 환호성과 함께 소리를 모아 합창을 한다. 내가 가장 좋아하는 노래 '선구자' 다.

> "일··송정 푸른··솔온 홀··로 늙어 갔·어도
> 한~줄기 해란~강은 천~년 두고 흐~른다
> 지난~날 강가에서 말 달리~던 선구자
> 지금은 어느 곳에 거~친 꿈이 깊~었나."

　산에 오를 때뿐만이 아니다. 모임의 끝이나 새로운 일을 시작할 때면 항상 이 노래를 부른다. 관악산 위에서도, 북한산 위에서도, 그리고 시장조사를 하러 갔던 캘리포니아의 해변에서도 이 노래를 부른 기억이 있다.

　손에 손을 맞잡고 '선구자' 노래를 함께 부르면서 직원들은 남다른 사명감을 느끼게 된다. 155마일 휴전선을 든든하게 지키고 있는 초병이 있기에 후방의 모든 국민이 편하게 잠들 수 있는 것처럼, 새벽 산 정상에 서 있는 직원 한 사람 한 사람의 노력으로 회사는 물론 더 나아가서는 우리 국민과 온 인류가 좀 더 편안한 삶을 영위할 수 있게 되는 것이다.

그런 의미에서 나는 산업의 최전선에서 열심히 일하고 있는 직원 하나하나가 새로운 길을 열어가는 애국愛國, 애족愛族, 애인愛人의 선구자이자 선각자라고 생각한다.

선구자 노래가 끝나면 만세삼창이 이어진다. 첫 번째 만세는 대한민국, 두 번째 만세는 삼성그룹, 세 번째 만세는 자신이 속한 회사의 순으로 한다. 우리나라가 잘 되고 우리가 속한 회사가 잘 되기를 바라는 진한 마음이 담겨 있는 것이다.

하산길에서 다시 생각하다

정상을 밟았지만 아직 등산은 끝나지 않았다. 힘겹게 산을 올랐지만 아직도 내려갈 길이 남아 있다. 오르막이 있으면 내리막이 있게 마련이다. 마치 우리 인생처럼 말이다.

우리는 직장생활에서, 사업에서, 혹은 인생에서 언제나 원하지 않는 하산길과 마주칠 수 있다. 그래서 하산길은 더욱 조심스럽고 많은 의미를 가지고 있다.

묵묵히 산을 내려오면서 인생의 많은 부분을 생각하고 느끼고 배우고 각오를 다지게 된다. 산은 오를 때뿐만 아니라 내려갈 때도 많은 교훈을 준다. 오르는 길이 있으면 내려가야 할 길이 있다는 생각을 하게 되면 한없이 겸손해질 수밖에 없다.

산은 내 인생의 무한한 에너지의 원천이었으며, 중단 없는 지구력과 새 사업에 대한 무한한 도전정신, 창의성을 갖게 해 준 힘이었다.

새해 등산의 하이라이트는 산 아래로 내려와 흐른 땀을 씻으러 가는 순간이다. 산행에 참가했던 직원들이 함께 목욕을 하는 것이다. 산을 오르면서 힘들었던 순간과 정상에서 느꼈던 뭉클한 감동을 나누며 목욕탕 안의 따뜻한 훈기로 피로와 긴장을 모두 푼다.

헬스클럽에서 운동을 하거나 경치 좋은 골프장에서 운동을 끝내고 난 후의 목욕에서는 느낄 수 없는 이 훈훈함이야말로 내가 산행의 2단계에서 반드시 만끽하는 즐거움이다.

목욕을 마치고 나면 근처 식당을 찾아 조촐한 식사와 함께 간단히 건배를 한다. 새벽부터 힘들게 산을 오르고 나서 먹는 아침은 그 어떤 것과 바꿀 수 없을 만큼 달콤하다. 산에서 일행들과 나누었던 산뜻한 기분과 정결하게 몸을 닦은 후의 상쾌함이 어우러지면서 식사 자리의 분위기는 한층 고조된다. 이때 곁들이는 한잔의 막걸리는 더없이 훌륭한 윤활유 역할을 한다.

산에게 묻고
산에서 답을
얻다

산은 도전과 열정이다

산을 오르는 것은 새해 첫날만은 아니다. 한 달에 한 번 정도 지방 공장과 서울 사무실을 오가는 중에 잠시 여유가 생기면 어김없이 산을 찾곤 했다. 특히 새로운 프로젝트를 시작하기 전이나 분위기를 전환하고 싶을 때는 산을 찾았다. 혼자 오르기도 하고 직원들과 동행하기도 했다.

처음 산에 가자고 했을 때 온갖 핑계를 대며 빠져 나가려 하던 한 간부사원은 몇 차례 산을 오르고 나더니 등산 마니아가 되어 언제부터인가는 앞장서서 산을 오르게 되었다.

위기가 닥쳐오고 어려움을 겪게 되면 나는 산을 오르면서 끊임없이 묻고 또 묻는다. 산에서 내려올 때 즈음이면 새로운 답을 얻기도 하고 위기를 헤쳐 나갈 자신감을 얻기도 한다. 산은 휴식과 충전의 역할만 하는 것이 아니다. 도전과 열정 그 자체다. 또 끊임없는 변화와 혁신의 기록을 일구어 낸 성과 창조의 핵심이기도 하다.

산에서는 처음 만난 사람들끼리도 인사를 나눈다. 찰라와 같은 순간 서로 스쳐 지나가고 마는 사람들인데도 서로의 안전과 안녕을 걱정한다. 산에서는 지위고하가 있을 수 없다. 직급과 상관없이 함께 산을 오르는 사람들과 스킨십을 다지고 원활한 커뮤니케이션을 할 수 있다. 산은 내게 새로운 도전과 각오를 다지는 장이자, 직원들과 소통을 할 수 있는 통로였다.

전 직원이 참여한 백두대간 릴레이 종주

2007년은 삼성석유화학에 있어 매우 큰 변화의 시기였다. 합작회사였던 영국의 BP와 결별하고 홀로서기를 시작한 지 얼마 안 된 시점이라 신성장사업 창출에 대한 고민이 깊은 시점이었다.

경영자 혼자만의 고민으로는 기업의 위기를 헤쳐 나갈 수 없기에, 나는 직원들 모두가 힘을 합쳐 우리 앞에 닥친 위기를 극복해 낼 수 있는 에너지를 얻기를 바랐다. 그리고 그 방법 가운데 하나로 선택한 것이 바로 등산이었다.

그렇게 해서 시작한 것이 백두대간 릴레이 종주다. 서울과 울산, 서산 3개 사업장에서 출발점을 달리해 백두대간 종주에 나선 것이다.

매주 사업장별로 구간을 나눠 팀별로 릴레이식 등산을 한 다음, 한 해가 마무리되는 시점에서 한자리에 모여 전 직원의 열정과 포부를 담아 새로운 도약을 선언하고자 했다.

2007년 5월 17일 서울사무소에서 백두대간 릴레이 종주 출정식이 열렸다. 나는 280여 명에 달하는 임직원에게 이렇게 말했다.

"백두대간 종주를 통해 기업성장의 열정을 고취하고, 신성장사업에 대한 깊이 있는 고민을 하는 기회를 가져봅시다."

나에게 산이 지구력과 도전정신, 창의력을 갖게 해 준 원동력이 되었던 것처럼, 백두대간 종주를 끝내면 회사가 재도약할 수 있는 비전을 전 직원이 공유하게 될 것이라고 굳게 믿었다.

백두대간 종주는 전문 산악인들에게도 결코 쉬운 산행은 아니다. 하지만 그러한 어려움을 이겨내고 도전함으로써 직원들 모두 눈앞에 닥친 위기상황에 당당하게 맞설 수 있는 자신감을 갖게 될 것이라고 확신했다.

7개월간 670킬로미터의 대장정

내가 먼저 몇 명의 임직원들과 함께 백두산 정상에 올라 릴레이 종주를 선언함과 동시에 각 사업장별로 종주가 시작되었다. 서울사업장 직원들은 오대산에서, 울산공장 직원들은 지리산에서, 서산공장 직원들은 선달산에서 각각 출발했으며, 마지막에 충청북도

단양군에 있는 소백산 최고봉인 비로봉1439m에서 '백두대간 종주' 피날레 행사를 가졌다.

7개월 동안 릴레이식으로 670킬로미터를 행군하는 고달픈 여정이었다. 280여 명 전 임직원이 4~10명씩 한 팀을 이뤄 금요일 오후 3시부터 토요일까지 주말을 반납하고 자발적으로 종주에 참여, 전체 38개 구간을 주파한 대장정이었다.

한 건의 안전사고도 없이 산행을 무사히 마칠 수 있었으며, 종주를 모두 마친 후에는 하산해서 캠프파이어와 함께 전 식원이 새로운 노전에 대한 의지를 다졌다. '선구자'의 우렁찬 함성이 산골짜기에 울려 퍼졌음은 물론이다.

많은 어려움을 이겨내고 백두대간 종주를 통해 얻은 결실은 회사뿐만 아니라 개인적인 삶에서도 좋은 기억으로 남게 되었다. 이 행사를 통해서 직원들은 서로 간의 일체감을 더욱 절실하게 느꼈을 것이고, 무에서 유를 창조해 내는 강한 신념과 의지를 키울 수 있는 기회도 얻었을 것이다.

집으로 돌아가는 버스 안에서 피곤에 지친 모습으로 곤하게 잠들었을 직원들 한 사람 한 사람을 생각했다. 몸은 피곤하지만 미래에 대한 도전의식은 그 어느 때보다 충만했을 것이라고 지금도 굳게 믿고 있다.

7개월간 670킬로미터의 백두대간 릴레이 종주 대장정을 마치고

두 발로 국토를 느끼다

"Where there is a will, there is a way."

'뜻이 있는 곳에 길이 있다.' 내가 가장 좋아하는 경구 가운데 하나다. 기업을 경영하면서 어려운 일을 겪을 때마다 항상 이 말을 떠올리면서 묵묵히 어려움을 헤쳐 나올 수 있었다.

나는 사회에 첫발을 내딛는 젊은이들에게도 묵묵히 걷는 그 땀의 의미를 심어 주고 싶었다. 높은 빌딩의 고층 엘리베이터에서는 느낄수 없는, 자신의 두 발로 개척해 나가는 그 길 말이다.

삼성석유화학에서는 2004년부터 신입사원을 대상으로 특별한 프로그램을 실시해 왔다. 일반적으로 그룹에서 신입사원 교육을 마치고 해당 계열사로 막 배치를 받게 되면 다시 회사별로 2주간 사내 입문 교육을 받고 바로 현업에 투입된다.

하지만 나는 여기에 또 하나의 교육과정을 포함시키도록 했다. '국토대장정' 프로그램이 바로 그것이다. 이 사회에 첫발을 내딛는 젊은이들이 자신의 두 발로 한 번 우리 국토를 직접 걸으면서 땀을 흘리고 그 땀의 가치에 대해서 생각해 보라는 의미였다.

국토대장정 프로그램에 참여한 신입사원들은 울산을 출발해서 남해안과 해남 땅끝마을, 그리고 서산을 거쳐 판문점까지 걸었다.

매년 프로그램이 계속되면서 일부 코스가 바뀌기는 했지만 두 발로 우리 국토를 직접 걷도록 한다는 그 뜻만은 변하지 않았다. 국토대장정은 본격적인 업무를 앞두고 업무에서 부딪히게 될 여러 어려움을 극복할 수 있는 도전정신과 지혜, 그리고 리더십을 기를 수 있는 좋은 훈련장이 되어 주었다.

신입사원들은 국토대장정을 하면서 하루씩 모든 일정을 책임지고 진행하는 '1일 리더'를 수행함으로써 스스로 리더십을 발휘할 수 있는 기회를 가졌다. 또한 도보와 자전거, 인라인 스케이트 등 다양한 방법을 동원함으로써 흥미를 유발하고 문제 해결에 대한 적응력도 키울 수 있게 했다.

함께 걷는 길

신입사원들의 국토대장정은 실시간으로 회사에 전해져 사내 지식경영 학습조직인 CoP를 통해 전 교육과정을 공개함으로써 전체 임직원들과 공감할 수 있는 기회를 만들었다.

'국토대장정'이 진행되는 동안 신입사원들은 실시간으로 소감을 작성해서 CoP에 올렸고, 회사에 남아 있는 임직원들은 그들의 앞길을 격려해 주었다.

신입사원들은 혼자 걷는 것이 아니었다. 자신들을 응원해 주는 든든한 선배들과 함께 걷는 길이라는 생각에 감동하고 한 가족 같은 일체감을 느끼게 되었다.

그룹 차원의 입문교육에서부터 사내교육까지 모두 받고 난 신입사원들에게 이러한 과정은 매우 힘들고 고된 일이었을 것이다. 하지만 새롭게 사회생활을 시작하는 데 있어서, 그리고 앞으로 남은 인생을 헤쳐 나가는 데 있어서 그들이 흘린 땀과 걸음은 결코 헛되지 않을 것이라고 자신있게 말할 수 있다.

인간을
가슴에 품고
걸어라

가장 중요한 것을 먼저 생각하라

　　　　　노력이나 의지는 전혀 부족하지 않지만 그에 합당한 성과를 내지 못하는 사람이 있다. 실제로 휴일을 가리지 않고 일하는 노력파이고 사업에 대한 생각과 열의로 가득 차 있음에도 성공과는 거리가 먼 사람들이 있다.

그들을 자세히 살펴보면 가장 중요한 것을 잊고 있는 경우가 많음을 알 수 있다. 고객, 직원, 가족, 친구 그리고 이웃 등 자신을 둘러싸고 있는 이 모두가 '인간' 이라는 아주 간단한 진리 말이다.

인간이 주主가 되어야 한다는 사실을 마음 깊이 새기지 않으면 기업에 피해를 주는 선택을 하기 쉽다.

최근 어떤 기업은 제품 결함으로 인해 소비자의 피해가 지속적으로 보고되었음에도 불구하고 눈앞의 이익에 급급해 리콜을 기피해 오다가 결국 한 방송국의 소비자 고발 프로그램을 통해 그 사실이 밝혀졌다. 이로 인해 회사 이미지가 실추된 것은 물론, 인터넷 게시판을 통해 방송 내용이 순식간에 퍼졌으며, 피해 보상을 요구하는 소비자의 집단행동까지 불러왔다.

물론 기업에 몸담고 있다 보면 아무래도 기업의 입장에서 생각하게 되고, 고객과 동떨어진 판단을 하는 경우가 있다. 하지만 기업의 이윤은 결국 고객으로부터 창출되지 않는가. 당장의 비용 때문에 고객의 마음을 잃는다면 그것은 회사를 망하게 하는 지름길이다.

마음을 잃는 것은 한순간

CEO로 성공하고 싶다면 고객, 즉 인간에 대한 깊은 이해심을 바탕으로 판단을 내려야 한다. 사람의 마음을 얻기는 어렵지만, 잃는 것은 한순간이다.

이것은 단순히 고객에만 국한되지 않는다. 회사에서 CEO와 함께 뛰고 있는 임직원을 단순히 내가 마음대로 부릴 수 있는 사람이라고 생각한다면, 직원들은 진심으로 회사를 위해 일하기보다는 현상을 유지하거나 상황을 모면하는 선택을 하게 된다. 회사가 어떻게 굴러가든 말든 월급만 나오면 된다고 생각하는 직원이 다수인 회사, 과연 성공할 수 있을까.

사람의 마음을 얻는 것만큼 어렵고 힘든 일은 없다. 그것을 잘 알기에 나는 모든 일에 있어서 솔선수범하고, 배려와 존중으로 사람을 대하려고 노력해 왔다.

그 결과 내 진심을 이해해 주는 임직원들을 얻을 수 있었고, 함께 뜻을 모아 기업을 경영할 수 있었다. 지금까지 내가 해 온 경영 성과들은 나 혼자의 힘이 아니라 나와 함께 일했던 직원들과 함께 이룩한 것이다. 그런 마음을 갖고 있기 때문에 지금까지도 나를 기억해 주는 직원들과 이메일을 주고받으며 안부를 전하고 있으며 정기적인 모임을 갖기도 한다.

오랜 기간 경영 현장에 있으면서 정도正道를 외면하고 꼼수를 부리며 동족방뇨凍足放尿의 선택을 하는 사례를 수도 없이 목도했다. 하지만 적당히 재주를 부리는 사람은 일류가 될 수 없다는 것을 너무나도 잘 알고 있다.

비즈니스적인 관계나 사적인 관계 모두 신뢰가 바탕이 되지 않으면 모래 위에 쌓은 성과 같이 곧 무너져 내린다.

사람의 마음을 움직이기 위해서는 주먹구구식 관계를 가져서는 안 된다. 필요한 순간에만 친근하게 구는 태도로는 평생 관계를 유지할 수 없다.

기업이 계속해서 발전해 나가기 위해서는 시간이 걸리더라도 마음을 얻기 위한 노력을 다하고, 눈속임 없이 우직하게 걸어가야 한다.

나, 너 그리고 우리

　　나는 더욱 많은 경영인과 직장인들이 회사와 직접 연관된 고객과 직원에만 집중할 것이 아니라, 시야를 넓혀 가족과 이웃, 더 나아가 우리 뒤를 이어갈 후손의 삶에 대해서도 관심을 갖는 도량度量을 갖추었으면 한다.

　가족이 서로 의지하는 데서 나오는 반려자적 에너지원은 천금을 주고도 살 수 없다. 서로를 든든히 받쳐 주는 가족 문화를 위해서, 자신이 가장이고 경제활동을 하고 있다는 이유로 가족들에게 무조건적인 배려만 요구하는 자세는 버려야 한다.

　기업에서와 마찬가지로 솔선수범하는 자세가 필요하다. 자신이 먼저 가족들에게 관심과 배려, 칭찬과 격려를 아끼지 않음으로써 가족 문화에 선순환을 가져오는 선봉장 역할을 수행해야 한다.

　스스로 가정의 화목을 위해 노력하고 있는지, 그리고 얼마나 많은 대화를 하고 있는지 되돌아보자. 비록 넉넉하지 않더라도 정성을 다해 가족에게 신경을 쓰는 가장의 모습인가? 산길을 걷다 주운 단풍잎 한 장을 책갈피에 꽂아서 아내와 자녀들에게 건네는 그런 마음이 바로 사람을 감동시킨다. 작은 정성, 작지만 뜨거운 마음이 상대방의 마음을 움직인다는 것을 헤아려 가족애를 더욱 돈독히 하기 바란다.

　그리고 어려운 상황에 놓인 이웃에게도 관심을 갖고 따뜻한 마음을 나누며 함께 미래를 생각할 수 있어야 한다.

　우리가 지금 성취한 것에 머물러 있으면 미래에 더 이상의 발전은 없다. 이는 자신의 미래만 암울해지는 것이 아니라 이 회사에 들어오게 될 후배, 그리고 우리 삶을 이어나갈 자식들의 미래를 어둡게 하는 것이다.

세상에 오직 나 하나만 있는 것이 아니라 과거와 현재 그리고 미래의 연장선 위에 서 있음을 항상 인식하자. 오늘을 사는 데 그치지 않고, 선조들의 유산을 물려받아서 그 가치를 더욱 키워야 할 책임과 의무가 있고, 후손들에게 더 큰 가치와 더 큰 미래를 담아 주어야 하는 사명이 있음을 기억하자.

나만의 삶, 나만의 현실을 산다면 쉬엄쉬엄 편하게 살 수 있겠지만, 우리는 선조의 삶도 후손의 삶도 대신 살아야 한다는 역사적 사명과 의무를 지니고 있음을 잊어서는 안 된다.

한 그루의
나무가 모여
숲을 이룬다

나는 중앙개발과 호텔신라, 삼성에버랜드, 삼성석유화학 등의 회사를 거치면서 수많은 신규 사업을 추진해 왔고 또 경영자로서 나름대로 작은 성과를 거두었다고 생각한다.

그럼 경영자로서 성과를 거둘 수 있었던 원동력은 어디서 온 것일까? 나는 그 비결을 '나무'와 '산'에서 찾고 싶다. 나무를 심고 산을 오르는 일은 내 경영의 '시원始原'과도 같았다.

먼 미래를 위해서 나무를 심고, 고난을 극복하기 위해서 산을 올랐다. 그리고 산과 나무로부터 많은 깨달음을 얻을 수 있었다. 나무와 산은 내 경영의 동반자이자 스승이었다.

초급 관리자 시절부터 꾸준히 나무를 심었다. 회사 정원과 회사 주변에, 저 멀리 국토 최남단 마라도에까지 가서 나무를 심었다. 그렇게 심은 나무들이 무성하게 자라나는 모습을 볼 때마다 뿌듯한 마음을 갖게 된다.

나무를 심고 기르듯이 인재들을 길렀다. 그렇게 성장한 인재들이 삼성이라는 회사를 위해서, 대한민국을 위해서 그리고 인류를 위해서 크게 기여하고 있는 모습을 볼 때마다 더없이 대견스럽고 흐뭇한 생각이 든다.

그리고 산을 올랐다. 20년 동안 단 한 번도 거르지 않고 매년 1월 1일이면 어김없이 산 정상에 올라 시무식을 했다. 모두가 잠들어 있는 새벽에 남들보다 먼저 일어나 산길을 걸었다.

새로운 도전에 직면해 있을 때, 돌파하기 어려운 난관에 부딪칠 때면 늘 산을 올랐다. 땀을 흘리며 묵묵히 산을 오르는 한 걸음 한 걸음 속에서 새로운 지혜를 얻고 굳센 의지를 다지기도 했다.

일전에 산사에서 만난 한 스님은 내게 이런 말씀을 해 주었다.

"한 방울의 물이 영원히 마르지 않고 남으려면 바다에 이르는 길밖에 없지요."

나는 그 말을 들으면서 산과 나무를 떠올렸다. 숲이 우거지고 산이 푸르게 되기까지는 여리고 자그마한 나무 한 그루 한 그루가 심어졌기 때문일 것이다.

16년 동안 CEO 자리에 있으면서 '혁신의 전도사', '고객만족경영의 전도사'라는 닉네임으로 불린 적이 많았다. 중앙개발과 호텔신라, 삼성에버랜드, 삼성석유화학 등의 회사를 거치면서 고객만족경영, 6시그마, 지식경영 등 다양한 혁신 방법론을 누구보다 앞서서 도입했고 또 그러한 노력을 통해서 큰 성과를 거두기도 했다.

하지만 곰곰이 생각해 보면 수많은 혁신 방법론의 밑바탕에 하나로 관통하는 근본적인 생각이 있었던 것 같다. 내 경영철학의 근간은 산과 그리고 나무에 있었다.

한 방울의 물이 모여 바다로 흘러가듯이 한 그루의 나무가 모여 숲을 이룬다. 기업 경영에서 내가 이룬 성과들도 바로 이렇게 한 그루의 나무처럼 작게 시작했지만 큰 숲을 이룰 수 있었다.

경영학의 큰 스승인 피터 드러커는 많은 경영자들에게 "어떤 사람으로 기억되고 싶으냐"는 질문을 던졌다. 나를 표현하는 수많은 수식어가 있지만, 나는 "나무를 심고 산을 오르며 대자연에서 지혜를 얻고 세상과 인간을 배운 CEO"로 기억되고 싶다.